DE COSMO
KAMA SUTRA

DE COSMO KAMA SUTRA

77 spannende seksstandjes

De editors van COSMOPOLITAN

KOSM•S

Kosmos Uitgevers, Utrecht/Antwerpen

KOSM•S

www.kosmosuitgevers.nl

Eerste druk, 2006
Twaalfde druk, 2018

Oorspronkelijke titel: *The Cosmo KAMA SUTRA: 77 mind-blowing positions*
Oorspronkelijke uitgave: Hearst Books, a division of Sterling Publishing Co., Inc. New York
© 2004 Hearst Communications, Inc.
Voor de Nederlandse editie: © 2006/2018 Kosmos Uitgevers, Utrecht/Antwerpen
Vertaling: Viola Robbemondt
Opmaak omslag en binnenwerk: Teo van Gerwen Design
Illustraties: Bo Lundberg
Vormgeving omslag en binnenwerk: Celia Fuller, Peter Perron en Theresa Izzillo

De samenstelling is met de meeste zorg uitgevoerd. Voor informatie die nochtans onvolledig of onjuist is opgenomen, aanvaarden de auteurs, medewerkers, redactie en uitgever geen enkele aansprakelijkheid. Voor eventuele verbeteringen van de opgenomen gegevens houden zij zich gaarne aanbevolen.

ISBN 978 90 215 5664 2
NUR 865, 860

Alle rechten voorbehouden. Niets uit deze uitgave mag worden verveelvoudigd, opgeslagen in een geautomatiseerd gegevensbestand of openbaar gemaakt, in enige vorm of op enige wijze, hetzij elektronisch, mechanisch, door fotokopieën, opnamen of enige andere manier, zonder voorafgaande schriftelijke toestemming van de uitgever.

Inhoud

■ De standjes

Zijg op zijn Zadel	11		Octopoesje	25
De Begeerlijke Beenlift	13		Hals over Kop	27
De Achtfactor	15		De Python	29
Wiebelend Wiegje	17		Kroelende Krakeling	33
Aan de afgrond	19		Lekkere Lounge	35
Passionele Pick-Up	21		Lusty Lotus	37
Zen-Zueel	23		De Rit van je Leven	39

G-Plek Genot	41	Dubbele Dij Dans	65
Sterretjes Zien	43	Erotische Achtbaan	67
Sensuele Schommel	45	Hemelse Trap	69
Schootdans	47	Man van Opzij	71
Ritmisch Rad	49	Schoot Schatje	73
Lui Lepeltje	51	Been Klem	75
Rock zijn Boot	53	Jodelende Joystick	77
Passie Propeller	57	De Rock-'n-Roll	79
Billen in Balans	59	Lustig Leunen	83
Rug Rock	61	Couch Knuffel	85
Vurige Vlinder	63	Erotische Accordeon	87

Uitzinnig Uitzicht	89	Zijwaartse Samba	113
Sofa Spreid Stand	91	Hijgende Hangplant	115
Sexy Schaar	93	Spinnenweb	117
Kreunend Kruis	95	Hoofdzaken	119
Zacht & Zinnelijk	97	De Draak	121
De G-Kracht	99	Top Bovenop	123
Indiaantje Spelen	101	Knuffelstoel	125
Keukentafel Klem	103	Kruislingse Knijper	127
Staande Ovatie	107	Diamantje Slijpen	129
Ketsende Krab	109	Arc de Triomphe	133
Betoverende Berg	111	Tijdbom	135

Zijwaartse Zaag	137	Buitenaardse Kick	159
Kittige Kruiwagen	139	Liefdes Triangel	161
Dirty Dijenkletser	141	Bureauwerk	163
Kruisje Zetten	143	't Visserskrukje	165
Draaierige Dame	145	Tergende Trekker	167
Omhoog, omhoog en wegvliegen…	147	Wow-Waterval	169
		Sleetje Rijden	171
Pure Porno	149	Staande Tijger, Knielende Draak	173
De Zeemeermin	151	Erotisch Einde	175
Verrassingsaanval	155		
Kiekeboe!	157		

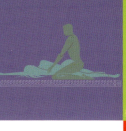

■ Lustlessen

Pre-Seks-Stretches	**30**
Geil Glibberen	**31**
Vertraag zijn 'Oooh' en versnel het jouwe	**54**
Vind je G-plek	**55**
Erotische Extraatjes	**80**
Lustopwekkers versus Lustafknappers	**81**
De perfecte positie voor jou	**104**
Iets voor alle smaken	**105**
Je T-Zone	**130**
Zijn V-Zone	**131**
Oplossingen voor je ergste seksnachtmerries	**152**
Sexy Après-seksstuff	**153**

ZINNELIJKE UITDAGING 🔥🔥🔥

Zijg op zijn Zadel

■ Erotische instructies:

Laat je vriend op de grond zitten met zijn benen in een losse kleermakerszit en zeg hem achterover te leunen op zijn handen voor steun. Klim op zijn schoot en kniel boven zijn kruis, waarbij je je vasthoudt aan zijn schouders. Op die manier kun je jezelf op zijn penis laten zakken. Leun voorover tegen zijn buik en borstkas aan en houd op die manier lichamelijk contact zodat je controle krijgt over de snelheid en de diepte van de stoten. Berijd hem, cowgirl!

■ Waarom je ervan geniet:

Dit is de ultieme *girl power*-positie in *The Cosmo Kama Sutra* omdat je de macht hebt over alle actie, waardoor je langzame, ondiepe stoten kunt afwisselen met diepe, snelle. Om het zaakje nog heter te 'mixen' kun je jezelf op je mans schacht laten zakken, waarbij je gekmakende, ronddraaiende bewegingen maakt, als een kurkentrekker. Zodoende wordt deze simpele bedsessie een wilde rit! Omdat je met je gezicht naar het zijne toegekeerd zit, zal het oogcontact alle actie nog opwindender maken.

COSMO HINT

Met jou als meesteres over de snelheid en diepte kun je zijn supergevoelige eikel plagen en tegelijkertijd het onderste deel van je vagina prikkelen, dat vol zit met zenuwuiteinden. Als hij op het punt staat om in extase te exploderen, neem je zijn lid helemaal op in je warme vagina voor een sensationele finale.

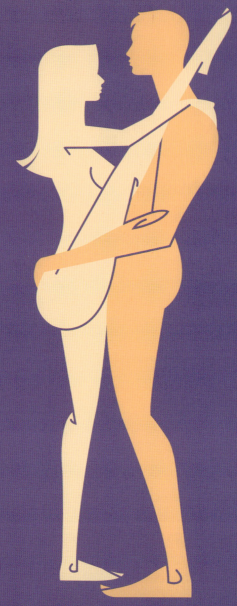

ZINNELIJKE UITDAGING

De Begeerlijke Beenlift

■ Erotische instructies:

Ga tegenover je man staan en zet je voeten op schouderbreedte uit elkaar. Keer je linkervoet een beetje naar buiten. Laat hem zijn voeten ongeveer een meter uit elkaar zetten en vraag hem een beetje door zijn knieën te buigen. Leg je armen rond zijn nek en zorg dat hij je stevig omarmt ter hoogte van je onderrug. Een beetje lenigheid komt je nu van pas, want het is zaak om je rechterbeen op te tillen en je voet tegen zijn schouder aan te zetten. Houd je knie gebogen en laat hem je langzaam penetreren. Nu kun je je been langzaam strekken, zodat je kuit op zijn schouder rust.

■ Waarom je ervan geniet:

Weet je waarom mannen het erotisch vinden om cheerleaders hun benen hoog in de lucht te zien schoppen? De meeste mannen zijn zelf behoorlijk stijf en rekenen het maken van kniebuigingen al haast tot een olympische sport.

COSMO HINT

Je man tegen een muur laten leunen zal bij dit standje helpen om je balans te bewaren en hem ertoe te verleiden alle controle aan jou over te geven. Voor hem is er geen groter genot dan een hete meid die niet bang is om het heft in handen te nemen.

De Cosmo Kama Sutra

ZINNELIJKE UITDAGING 🔥🔥🔥

De Achtfactor

■ Erotische instructies:

Ga op je rug op de grond liggen met een paar kussens onder je billen. Spreid je benen zo wijd mogelijk en houd je knieën een beetje gebogen. Leg je armen hoog naast je hoofd of klem je, zoals op het plaatje, vast aan zijn heupen zodat je lichaam helemaal openstaat om hem te ontvangen. Laat hem jou onder een hogere hoek binnendringen dan normaal (de kussens helpen daarbij) en zorg dat hij steunt op zijn handen, die hij naast je hoofd zet. Nu komt de truc: laat hem zijn penis in en uit bewegen in een achtvorm zodat je zijn hele pakketje goed kunt voelen: zijn penis en schaamheuvel. Let op! Dit achtjes draaien is de sleutel voor dit standje.

■ Waarom je ervan geniet:

Dit standje geeft je dubbel orgastisch plezier. De rondjes die zijn penis draait, prikkelen je vagina, terwijl zijn schaambeen zachtjes je clitoris masseert. Dit is een positie waarbij je de kans krijgt om je orgasme langzaam op te bouwen terwijl je heerlijk ontspannen op je rug ligt en hem zijn werk laat doen met lange, sensuele stoten.

COSMO HINT
Voor wat extra prikkeling van je G-plek stapel je de kussens hoog op. Voor hem is het makkelijker om je diep te penetreren. Niet alleen je orgasme zal om die reden intenser aanvoelen, maar je bevredigt op deze manier ook nog eens elke centimeter van zijn beste vriend.

ZINNELIJKE UITDAGING 🔥🔥🔥

Wiebelend Wiegje

■ Erotische instructies:

Laat je man op zijn rug op de grond liggen en kniel op hem met je gezicht naar hem toe en je benen aan weerskanten van hem. Laat hem bij je binnendringen en zijn bovenlijf oprichten, zodat je hem kunt kussen. Sla vervolgens je onderarmen onder elkaars knieholtes door zodat je elkaars benen kunt optillen tot borsthoogte. Wieg elkaar tijdens deze berelekkere omarming naar een orgasme.

■ Waarom je ervan geniet:

Deze positie limiteert je in je stootbewegingen, maar door heen en weer te wiegen kun je elkaars wereld wel degelijk op z'n kop zetten. Begin langzaam, probeer in een goed wiebelritme te komen en laat je vervolgens helemaal gaan. Terwijl je spanning opbouwt, houd je hem hard door je bekkenbodemspieren flink aan te knijpen. Het zijn dezelfde spieren die je gebruikt als je je plas ophoudt. Dit zorgt niet alleen voor een stevige 'grip' om zijn penis, maar het zorgt er ook voor dat de bloedtoevoer naar jouw onderste regionen toeneemt waardoor het nog lekkerder voor je wordt.

COSMO HINT
Omdat jullie zo dicht tegen elkaar aan zitten, leent deze positie zich prima voor het uitwisselen van nog meer intimiteiten. Stoom borrelt op als je aan zijn nek knabbelt of aan zijn oorlelletje zuigt terwijl je helemaal synchroon verder wiegt.

De Cosmo Kama Sutra

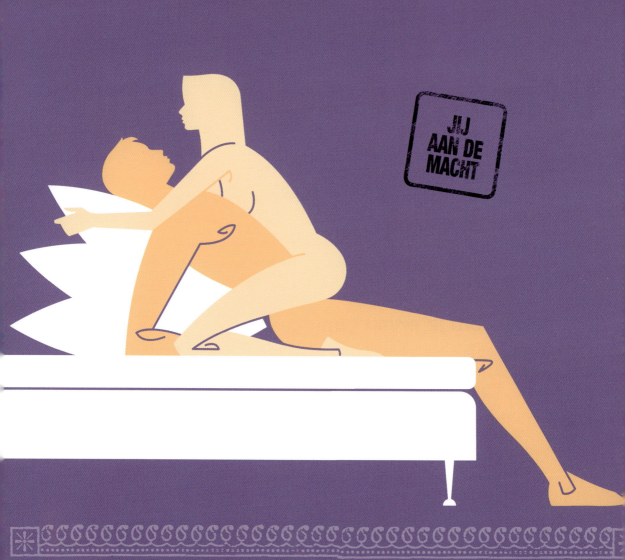

ZINNELIJKE UITDAGING

Aan de afgrond

■ Erotische instructies:

Laat je man op de rand van het bed zitten zodat zijn benen er losjes bij hangen. Klim over hem heen, leg je handen op zijn schouders en duw hem in een hoge stapel kussens zodat zijn onderrug steun heeft. Kniel over zijn kruis en laat je op zijn harde penis zakken terwijl je zijn nek en de stapel kussens omarmt voor extra opwaartse druk en steun.

■ Waarom je ervan geniet:

Dit 'afgrondstandje' is een goede methode om jezelf over de orgasmeklif heen te duwen, want je hebt controle over zowel de diepte van de penetratie als de intensiteit van de clitorale stimulatie. Hij zal het geweldig vinden, want hij heeft op deze manier zijn handen vrij om ze vol overgave over je lijf te laten gaan. Laat hem zachtjes je billen, rug en bovenbenen kriebelen met zijn vingertoppen. Ook fijn: hij zit in een geweldige positie om je borsten, gezicht en nek te kussen.

COSMO HINT
Je lippen bevinden zich genadeloos dicht bij zijn oren. Fluister er dus allerlei flirterige fantasietjes in! Voeg allerlei sexy details toe: waar je bent, wat je aanhebt, hoe je het uitdoet – en vertel hem natuurlijk hoe graag je met hem wilde vrijen. Geef je stem een lage, hese klank en hijg er een beetje bij terwijl je zijn oren plaagt met je tong.

ZINNELIJKE UITDAGING 🔥🔥🔥🔥

Passionele Pick-Up

■ Erotische instructies:

Laat hem met zijn rug naar het bed, de wasdroger of de wasmachine staan en jou bij je billen en dijen ondersteunen. Sla nu je benen om zijn middel – zet daarbij je voeten voor de broodnodige steun op het bed, de wasdroger of de wasmachine – en leg je armen om zijn nek en schouders. Als hij bij je binnendringt, hang je op zijn armen zodat hij je op en neer kan laten wippen.

■ Waarom je ervan geniet:

Als je houdt van een echte kerel met de nodige spierballen, maak je dan maar klaar voor een kittig cadeautje. Liggend in zijn sterke armen kun je je al swingend en zwaaiend laten gaan terwijl je bent overgeleverd aan zijn orgastische genade. Het snelle, vurige gebonk gaat niet zozeer in en uit, maar juist meer op en neer. Terwijl hij tegen je voorste vaginawand aan rijdt, is er tijd voor vurig oogcontact en hete kussen.

COSMO HINT

Knijp je dijen strak om zijn middel, verstrengel je handen achter zijn nek en hol dan langzaam je rug zodat je schaamstreek helemaal in de zijne past. Deze plezierige Pick-Up zal de erotische stemming van extra lading voorzien.

De Cosmo Kama Sutra

ZINNELIJKE UITDAGING 🔥🔥

Zen-Zueel

■ Erotische instructies:

Dit standje geeft je een relaxmoment midden in de matrasgekte. Zodra je bijna klaarkomt, neem je hiermee even een kleine pauze terwijl je opwinding toch op peil blijft. Ga allebei op je zij liggen met je gezichten naar elkaar toe (houd hem zo mogelijk de hele tijd in je) en plaats de passie even op een laag pitje terwijl jullie je benen in elkaar verstrengelen en jullie borstkassen tegen elkaar aan drukken. Bouw de spanning hierbij weer langzaam op tot grote hoogtes en een nog explosievere climax. Geloof het maar: jullie zullen allebei 'Oh, mijn God' uitschreeuwen.

■ Waarom je ervan geniet:

Verstrengeld in dit standje kun je je niet heel erg goed bewegen. Zen-Zueel stelt je orgasme uit en is dus heel geschikt voor heren die te snel klaarkomen. Het is ook perfect voor erotische omarmingen en veel intiem contact. Je zult je geborgen voelen omdat je hele lichaam contact met het zijne maakt en je elkaar diep in de ogen kunt kijken. Dit emotionele en fysieke contact doet je lachen, huilen en klaarkomen.

COSMO HINT
Om de intensiteit van het contact te verhogen en zijn lid stijf te houden kun je je buik subtiel laten pulseren door langzaam en diep in en uit te ademen. Om hem gek te maken til je je onderlijf op, zodat zijn penis bijna uit je glipt. Pauzeer en neem hem dan weer helemaal in je op.

ZINNELIJKE UITDAGING 🔥🔥🔥🔥🔥

Octopoesje

■ Erotische instructies:

Laat je man op de grond zitten met zijn armen gestrekt achter zich en zijn knieën een beetje gebogen. Zeg hem zijn benen te spreiden. Omklem zijn schoot nu met je benen met je gezicht naar hem toe en laat hem in je komen. Leg vervolgens je rechterkuit op zijn linkerschouder en je linkerkuit op zijn rechterschouder en omstrengel je enkels in zijn nek terwijl je op je armen steunt. Als je het goed doet, zie je eruit als een veelpotig lustbeest.

■ Waarom je ervan geniet:

Omdat je heupen omhoog gekeerd zijn, kan je man in je stoten met op- en neer gaande bewegingen, waardoor je veel kans hebt op heftige G-plekorgasmen. Ook voor hem is het weer eens wat anders dan rondjes in je draaien of zijwaartse stoten. Bovendien geeft dit standje hem een prachtig uitzicht op de actie – een mannelijke fantasie die waarheid wordt! Heb je dit standje met succes uitgevoerd, dan mag je bovendien toetreden tot Cosmo's Kama Sutra Hall of Fame. En die is heter dan heet!

COSMO HINT

Deze positie geeft je heerlijk intiem contact, dus doe er je best op! Ben je superlenig, dan kun je ook je armen om zijn nek slaan zodat je lekker dicht tegen hem aan zit. Op die manier kun je ook nog heerlijk tongzoenen of speels op zijn lippen, nek en oorlellen knabbelen.

ZINNELIJKE UITDAGING 🔥🔥🔥🔥

Hals over Kop

■ Erotische instructies:

Ga allereerst op je knieën zitten en kruis je armen op een kussen dat je op de grond voor je legt om je ellebogen te beschermen. Steek je billen in de lucht en laat je hoofd op je armen rusten. Laat je man achter je staan en laat hem je benen optillen aan je enkels totdat je lichaam in een hoek van bijna 90 graden van de grond komt. Houd je knieën gebogen en laat hem van achteren bij je binnenkomen.

■ Waarom je ervan geniet:

Twee woorden: diepe impact. Deze positie heeft alle ingrediënten van elke penetratie van achteren, met de zwaartekracht als bonus. Moedig hem aan om je te penetreren door hem te vertellen hoe lekker zijn penis in je voelt. Omdat je bijna ondersteboven hangt, geeft dit standje, waarbij het bloed maximaal naar je hersens vloeit, een extra dimensie.

COSMO HINT
Laat hem met zijn heupen wiebelen terwijl hij in je is. De combinatie van deze nieuwe 'invalshoek' en de extra beweging zal een aantal hete plekjes raken waarvan je het bestaan niet vermoedde! Zijn penis wordt ook vanuit elke hoek gestimuleerd, zodat een maximale climax op de loer ligt. Misschien zelfs gelijktijdig!

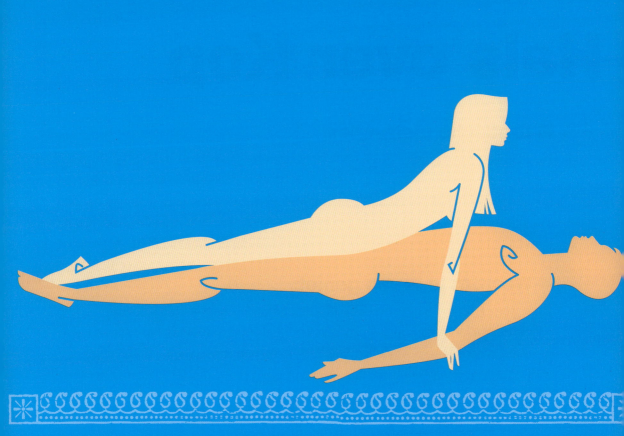

ZINNELIJKE UITDAGING 🔥🔥🔥

De Python

■ Erotische instructies:

Laat je lover plat op zijn rug liggen met zijn benen bij elkaar en zijn armen naast zijn lijf. Bestijg hem op je knieën en laat je op zijn staaf zakken. Zit hij eenmaal helemaal in je, strek dan langzaam je benen zodat je languit op hem ligt, jullie benen als een sandwich op elkaar. Pak zijn handen, verstrengel je vingers en leg ze wijd naast jullie zij. Voordat je als een slang begint te glibberen, til je je borstkas op als een slang die zich opricht om toe te happen. Vraag hem zijn voeten op te richten zodat je ze als steuntje voor je tenen kunt gebruiken.

■ Waarom je ervan geniet:

Jij en je liefste zijn nu lijfelijk helemaal in contact: bijna van hoofd tot voeten. Jouw tepels kietelen zijn borstkas, jullie handen zijn innig verstrengeld en je dijen glijden als hete slangen over de zijne: jullie zijn seksueel compleet samen. Een fijne bonus voor jou: je clitoris wordt de hele tijd gestimuleerd terwijl je ook nog wordt gepenetreerd.

COSMO HINT

Vuurwerk met je tong maak je door de binnenkant van zijn lippen te likken. Buig je elke keer naar voren voor een kort tongintermezzo. Voel je je extra *sneaky*, stel je dan een denkbeeldige lijn voor die loopt van zijn tenen naar zijn mond. Lik deze voordat je in deze positie klimt, laat je tong helemaal over die 'lijn' glijden. Uiteraard maak je een strategische stop ergens in het midden.

Pre-Seks-Stretches

Maak je spieren los voordat je moeilijke standjes gaat proberen.

De ruggengraatrilling

 Je schouderbladen, het midden van je rug en je onderrug

 Kniel op de grond met je kont op je voetzolen. Leun voorover en laat je bovenlijf op je bovenbenen rusten. Strek je armen voor je uit om de spieren langs je ruggengraat los te maken. Laat je vriend vlak achter je staan en laat hem zachtjes op je rug drukken om de stretch extra kracht bij te zetten. Voor een bonus vraag je hem om je een minischoudermassage te geven. Verander vervolgens van positie en geef hem dezelfde beurt.

De flipperkastflip

 Voorkant van je heupen, buikspieren en dijen

 Lig op je rug met gebogen knieën en je voeten plat op de grond. Laat je armen naast je rusten en laat je partner naast je knielen. Til vervolgens langzaam je heupen van de vloer en laat hem je rug daarbij ondersteunen terwijl je zo even blijft hangen. Hierbij is het belangrijk dat je heupen en dijen een rechte lijn vormen zodat je rug niet al te hol trekt. Houd dit twee seconden vast, laat je vervolgens een beetje zakken en herhaal.

De wip

 De binnenkant van je dijen, lagere rug, armen en buikspieren

 Ga op bed of op de grond zitten met je gezichten naar elkaar toe terwijl je allebei je rug rechtop houdt. Strek allebei je benen en spreid ze in een grote V met je voeten tegen elkaar. Geef elkaar vervolgens je handen en kijk elkaar in de ogen. Houd dit oogcontact vast terwijl je elkaar zachtjes naar voren trekt.

LUSTLES NR. 2

GEIL GLIBBEREN

Houd deze vijf punten in gedachten als je shopt voor het perfecte glijmiddel:

1. Gebruik glijmiddel op waterbasis. Vermijd alle lotions die een oliebasis hebben, zoals massageolie of vaseline. Deze vettigheid maakt niet alleen vlekken op je lakens, maar laat ook condooms scheuren.

2. Houd het bij siliconen. Ben je klaar om van bil te gaan, dan wil je een glijmiddel dat dun en glibberig is. Kies er dus een met siliconen – dat lijkt het meest op natuurlijk vocht.

3. Laat dat smaakje maar zitten! Glijproducten zijn er in alle soorten en maten. Maar hoe meer ingrediënten er in een glijmiddel zitten, hoe meer kans er is dat jij een allergische reactie vertoont of een infectie ontwikkelt.

4. Geen zaaddodende pasta, please! In sommige glijmiddelen zit een zaaddodend middeltje, nonoxynol-9, dat de vagina kan irriteren. Had je al eens een slechte ervaring met een glijmiddel, neem er dan een zonder dit stofje.

5. Verhoog de sensatie. Klaagt je man over het nepgevoel dat het condoom veroorzaakt? Probeer dan dit eens: een druppeltje glijmiddel in het topje van het condoom. Door het extra vocht zal het gevoel geïntensiveerd worden.

De Cosmo Kama Sutra

ZINNELIJKE UITDAGING 🔥🔥🔥🔥

Kroelende Krakeling

■ Erotische instructies:

Dwing hem op zijn knieën voor dit bijzondere standje. Kniel zelf ook voor hem. Zet nu allebei hetzelfde been rechtop (dus allebei links, of allebei rechts). Druk jezelf tegen hem aan, waardoor hij je kan penetreren. Leun steeds naar voren op je voet en beweeg weer naar achteren voor een langzame rit.

■ Waarom je ervan geniet:

Dit is de ultieme, gelijkwaardige positie. Je hebt allebei evenveel controle en omdat er niet veel actie is, zal je man niet te snel klaarkomen – terwijl jouw clit wel maximaal gekieteld wordt. Ook fijn: je hebt allebei je handen vrij om te kroelen, te strelen en te kneden.

COSMO HINT: Een kleine variatie op het thema is om het been op de grond uiteindelijk over zijn been te gooien en harder te pompen. Een heerlijk intiem standje om samen op klaar te komen!

ZINNELIJKE UITDAGING 🔥🔥🔥

Lekkere Lounge

■ Erotische instructies:

Dit standje vergt wat voorbereiding. Zoek een bankje, loungestoel of zonnebedje uit dat smal genoeg is om je benen omheen te slaan terwijl hij erop ligt. Laat hem op zijn rug liggen met zijn benen bij elkaar. Ga nu met je rug naar hem toe op zijn schoot zitten en plant je beide voeten stevig op de grond. Berijd nu zijn penis van voren naar achteren, op en neer en van links naar rechts. Hij heeft hierbij een fantastisch uitzicht op je billen en kan alle bewegingen perfect volgen.

■ Waarom je ervan geniet:

Deze manier van penetreren masseert de achterwand van je vagina. Maak je draaiende bewegingen, dan raakt hij alle *feel good*-plekjes. Wees hierbij geen stil muurbloempje, maar laat hem horen hoezeer je van de rit geniet.

COSMO HINT
Speel met zijn ballen, zijn perineum (het plekje tussen zijn anus en zijn ballen) en streel je clitoris met je vrije hand. Hierdoor bouw je extra spanning op voor een enorme climax.

ZINNELIJKE UITDAGING 🔥🔥🔥

Lusty Lotus

■ Erotische instructies:

Help je partner om comfortabel in de traditionele lotushouding te gaan zitten, met zijn benen gekruist en zijn hielen op de tegengestelde knie. Ga met je gezicht naar hem toe op zijn schoot zitten, bestijg hem en sla je benen stevig om zijn middel. Omarm elkaar en plant je lippen zo op elkaar dat je elkaars adem deelt: jij ademt in als hij uitademt en omgekeerd. Als je inademt, span je je vaginale spieren en je buikspieren aan. Als je uitademt, ontspan je je buik- en vaginaspieren. Je man moet dit alles spiegelen.

■ Waarom je ervan geniet:

Ben je een fanatieke yogabeoefenaar? Dan is dit het perfecte standje voor jou. Je ademhaling op elkaar afstemmen en samen bewegen zal je gevoel van intimiteit verdiepen terwijl je samen de golf van maximaal plezier berijdt.

COSMO HINT

Neem de tijd om dit intieme standje uit te voeren. Ontspanning is de sleutel. Breng jezelf in de stemming door geurkaarsjes aan te steken en rustige muziek op te zetten. Kneed elkaar tot was met langzame massages en gebruik daarbij aromatische olie zodat jouw vel en zijn vel lekker zacht en glad zijn.

ZINNELIJKE UITDAGING 🔥🔥🔥

De Rit van je Leven

■ Erotische instructies:

Je lover ligt op zijn rug. Laat je met je gezicht naar hem toe op hem zakken terwijl je op je knieën zit. Vouw je voeten rond de binnenkant van zijn benen, ter hoogte van zijn knieën. Leun naar voren en grijp links en rechts van zijn hoofd de lakens vast. Terwijl je je zo vasthoudt en je voeten stevig om zijn kuiten slaat, span je je billen aan, kantel je je bekken en beweeg je in strakke bewegingen.

■ Waarom je ervan geniet:

Door de lakens vast te grijpen en zijn kuiten als 'stijgbeugels' te gebruiken geeft dit cowgirlstandje veel steun; je kunt vrij gemakkelijk een gelijkmatig ritme vinden zonder uit balans te raken voordat je een orgasme bereikt. En omdat je lichaam wat hoger ligt dan bij de typische 'meisje bovenop'-houding, zal je clitoris gemakkelijker gestimuleerd worden door zijn schaambeen.

COSMO HINT

Door snelle, gecontroleerde bewegingen te maken blijven je schaamlippen in contact met zijn privéplekjes zodat je je op een oermanier buitengewoon verbonden voelt. Je kunt dit standje variëren door bewegingen die je zou maken tijdens een rit op een mechanische stier. Het ritme bepaal jij!

De Cosmo Kama Sutra

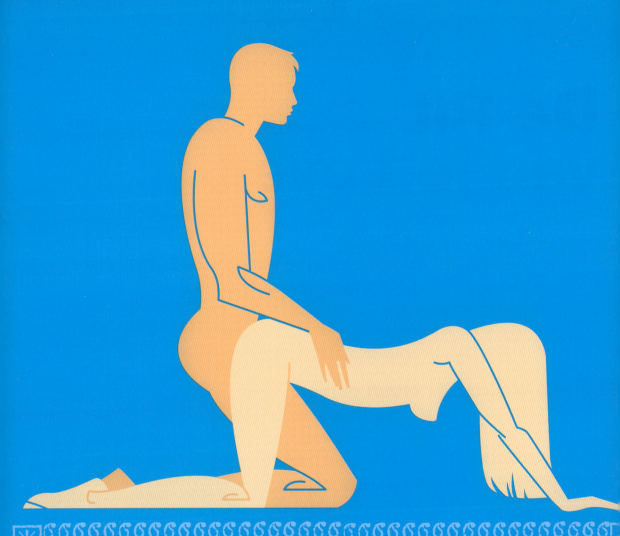

ZINNELIJKE UITDAGING 🔥🔥🔥🔥

G-Plek Genot

■ Erotische instructies:

Niet elk standje is geschikt om je G-plekje te masseren. Om zijn penis in contact te brengen met je geheimste, hete zone moet je je vagina heel nauwkeurig positioneren. Dit 'hondjesstandje' is supergeschikt voor wat G-plekactie. Ga op je knieën en handen voor hem zitten en laat hem achter je knielen. Neem zijn penis diep in je op terwijl zijn handen steun vinden op je billen. Voor wat extra stimulatie kun je hem vragen zijn vrije hand om je heup te slingeren en zachtjes je clitoris te strelen terwijl hij in en uit glijdt. Het opent een heel nieuwe, orgastische wereld. Moedig hem aan om zo diep in je te stoten dat zijn ballen steeds tegen je billen aan kletsen. Het oergevoel van dit standje verandert iedere keurige man in een beest!

■ Waarom je ervan geniet:

Heb je een keer een G-plekorgasme bereikt, dan wil je meer! Misschien weet je je heetste knop tijdens de soloseks wel te vinden (zo niet, kijk op pagina 55), maar vind je hem samen tijdens het neuken, dan bereik je een heel nieuw lustniveau.

COSMO HINT

Als dit 'hondjesstandje' je niet heet genoeg maakt, probeer het dan met accessoires. Het gebruik van een vibrator zal de lustfactor zeker verhogen. Ook kan wat sexy speelgoed je relatie naar een hoger plan tillen, want een vleugje taboe is altijd opwindend.

De Cosmo Kama Sutra

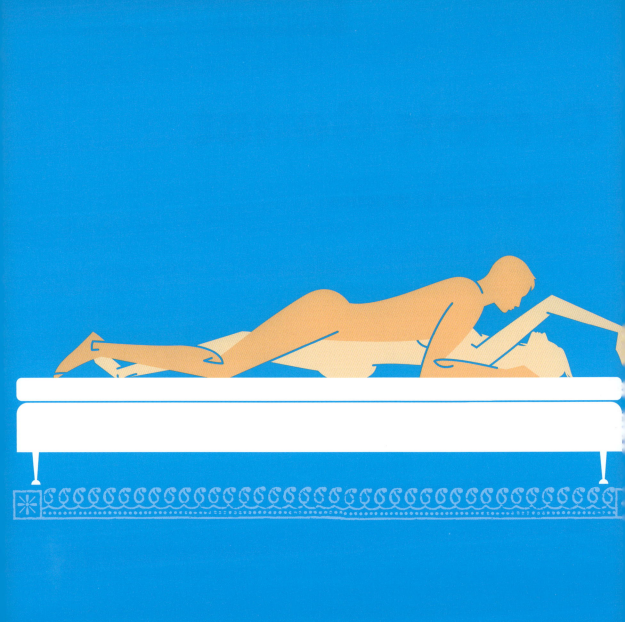

ZINNELIJKE UITDAGING 🔥🔥🔥🔥🔥

Sterretjes Zien

■ Erotische instructies:

Kies een wiebelvrij oppervlak – een stevige bedrand, hoofdeinde van een bed of de rand van het bad als je een ruime badkamer hebt. Ga op je rug liggen, leg je armen boven je hoofd en leg je handpalmen plat tegen dat oppervlak. Zorg dat je hoofd genoeg ruimte heeft om het in je nek te gooien. Heeft hij je in missionarishouding gepenetreerd, pers dan je benen zo krachtig mogelijk bij elkaar. Met gesloten dijen zal zijn penis de binnenkant van je dijen en je vulva stimuleren elke keer dat hij stoot.

■ Waarom je ervan geniet:

Doordat je jezelf tegen het wiebelvrije oppervlak kunt afzetten en dus niet mee beweegt, creëer je nog meer frictie. In combinatie met je gesloten dijen zijn de onbeweeglijkheid van deze positie en de diepe penetratie een groot pluspunt voor jou. Voor hem is de illusie van weerstand onweerstaanbaar.

COSMO HINT

Je gesloten dijen stimuleren je clitoris en dat resulteert in een intens orgasme. Let wel op, want een dergelijke frictie kan droge slijmvliezen beschadigen. Zorg dus dat je lekker opgewonden bent voordat je eraan begint. Als het aan hem ligt, geldt hoe natter hoe beter. Je kunt ook een glijmiddel gebruiken voor de beste verleiding.

De Cosmo Kama Sutra

ZINNELIJKE UITDAGING 🔥🔥🔥

Sensuele Schommel

■ Erotische instructies:

Doe even wat rekoefeningen voordat je begint! Lig op je rug, til je benen op en over je hoofd heen richting oren. Laat hem voor je knielen met zijn knieën tegen je onderrug aan voor extra steun. Hij leunt met zijn borstkas tegen de onderkant van je dijen terwijl jij zijn benen vasthoudt om in deze V-positie te blijven. Als hij eenmaal in je is, maak je langzaam schommelende bewegingen.

■ Waarom je ervan geniet:

Doordat je je benen zo ver optrekt, wordt je vagina smaller waardoor je zijn penis heerlijk kunt omklemmen. Bovendien kan hij je zo heel diep nemen.

COSMO HINT
Varieer in snelheid en intensiviteit van het schommelen. Kom je bijna klaar? Verander dan snel van ritme. Ga van langzaam naar snel naar langzaam en stel je orgasme zo lang mogelijk uit.

De Cosmo Kama Sutra

ZINNELIJKE UITDAGING

Schootdans

■ Erotische instructies:

Zoek een stoel met een hoge rugleuning – eentje van de keukentafel of een bureaustoel – en leg een paar kussens op het zitvlak. Laat hem gaan zitten. Bestijg zijn harde paal, leun een beetje achterover en steun met je handen op zijn knieën. Strek je benen een voor een tot je enkels op zijn schouders rusten. Pomp je lijf nu van voren naar achteren met een snelheid waarvan je gaat kreunen. Om je stoten extra kracht te geven balanceer je met je gewicht op je handen en enkels.

■ Waarom je ervan geniet:

De schootdans heeft een hoge intimiteitsfactor – hoeveel mannen hebben ooit van zo dichtbij van je mogen genieten? Dit erotische uitzicht geeft je man genoeg fantasiemateriaal voor weken! Voor nog meer opwinding zorgt sexy lingerie. Wat dacht je van *classy* doch ondeugend Marlies Dekkers-ondergoed? Misschien een slipje zonder kruisje?

COSMO HINT

Je hoeft geen prof te zijn om je realiseren dat het opwarmertje voor deze schootdans een ondeugende striptease is. Zet wat verleidelijke muziek op en kleed je dan langzaam en plagerig voor hem uit. Voor een extra kruidig vleugje vertel je hem dat hij wel naar je mag kijken, maar je niet mag aanraken. Tegen de tijd dat je hem bestijgt, is hij harder dan ooit.

De Cosmo Kama Sutra

ZINNELIJKE UITDAGING 🔥🔥🔥🔥

Ritmisch Rad

■ Erotische instructies:

Ga allebei op je rug liggen, zijn hoofd bij jouw voeten. Ga vervolgens half zitten en leun op je ellebogen voor steun. Schuif dan over zijn kruis heen zodat hij je kan penetreren. Om een beetje hoogte te winnen til je je lijf een stukje van de grond. Sla je benen om hem heen; zijn benen moeten jouw lijf omvatten: eentje ligt onder je rug, de andere op je buik. Met zijn handen houdt hij je heupen onder controle terwijl je rustig begint te pompen.

■ Waarom je ervan geniet:

Dit Ritmische Rad zal je draaierig maken van genot. Het is opwindender dan menige kermisattractie. Zoals de meeste standjes waarbij je tegenover elkaar zit, is het een gelijkwaardig standje, maar met een kleine draai. Het is namelijk heel geschikt voor ondiepe penetratie. Je man kan alle zenuwuiteinden aan het begin van je vagina kietelen terwijl ook zijn gevoelige eikel maximaal gestimuleerd wordt.

COSMO HINT
Om dit standje te turbo-boosten kun je rondjes draaien met je heupen. Je hoeft dit niet te overdrijven – kleine bewegingen geven al een maximaal spiraaleffect. Ben je echt geil, beweeg je lijf dan ook nog op en neer op zijn penis. Door dit op en neer en heen en weer gaan, zal hij ontploffen in extase.

De Cosmo Kama Sutra

ZINNELIJKE UITDAGING 🔥🔥🔥

Lui Lepeltje

■ Erotische instructies:

Ga allebei op je zij liggen, hij achter je. Houd beiden je bovenlichaam in deze positie. Jij tilt alleen je bovenste been op. Hij richt zijn bekken iets meer op om je van achteren te nemen.

■ Waarom je ervan geniet:

Het Luie Lepeltje geeft je het beste van twee werelden. Het is een kruising tussen op z'n hondjes en lepeltje-lepeltje en geeft veel intimiteit. Bovendien krijgt je G-plek een intensieve massage en hij heeft zijn handen vrij om met je borsten en clitoris te spelen.

COSMO HINT: Het is een behoorlijk relaxed standje, dus probeer het als hij het 't minst verwacht. Wek hem er midden in de nacht of 's morgens vroeg mee. Om daarna weer lekker in slaap te vallen met zijn armen om je heen.

ZINNELIJKE UITDAGING 🔥🔥🔥

Rock zijn Boot

■ Erotische instructies:

Zoek een comfortabele en stevige leunstoel en laat je man erin zitten met licht gespreide benen. Ga met je gezicht naar hem toe op zijn schoot zitten met je knieën aan weerskanten van zijn dijbenen. Trek ze vervolgens op tot onder zijn oksels en steun op je hielen naast zijn billen. Terwijl je lover je ondersteunt bij je heupen, billen of dijen kun jij je vasthouden aan de stoelleuning en beginnen met roeibewegingen: van voren naar achteren en een beetje op en neer.

■ Waarom je ervan geniet:

Dit is geen relaxed standje maar een van actie terwijl je de stoel als springplank gebruikt. Door je met handen en voeten flink af te zetten kun je hiervan het hobbeligste standje ooit maken. Het is perfect om constant andere versnellingen te zoeken. Plaag hem met snelle op en neer bewegingen en wissel die af met schuivende roeibewegingen en rondjes draaien.

COSMO HINT
Hoe glibberiger, hoe lekkerder dit standje is. Voordat je begint met roeien kun je elkaars intieme plekjes masseren met glijmiddel. Het zachte gevoel van jouw handen die over zijn edele delen op en neer glijden zal hem doen smachten naar meer.

De Cosmo Kama Sutra

LUSTLES NR. 3

VERTRAAG ZIJN 'OOOH' EN VERSNEL HET JOUWE

Soms is het nodig om tussen al die spannende standjes door even aan de noodrem te trekken. Deze technieken houden hem 'cool' terwijl jij juist meer tijd krijgt om heet te worden.

TREK	KNIJP	STOP EN GA DOOR
Als hij op het punt staat klaar te komen (hij kan het aangeven en jij kunt het voelen doordat zijn penis begint te pulseren en zijn lichaam verkrampt), kun je hem zachtjes bij zijn ballen grijpen en ze rustig een stukje naar beneden trekken. Dit blokkeert zijn urinebuis en voorkomt zaadlozing, zodat je tijd krijgt om hem voor te bereiden op een nog grotere explosie.	Sla je duim en middelvinger om het topje van zijn eikel, net onder de rand, en knijp zachtjes tot hij niet langer op het punt van klaarkomen zit. Deze handgreep vertraagt de bloedtoevoer en zwakt de opwinding tijdelijk af. In de tussentijd kun je je andere hand gebruiken om jezelf daar beneden te kietelen.	Als hij al aan de afgrond staat en jij bent nog bezig met de beklimming van de orgasmeberg, stop dan eventjes met alle stimulatie. Laat hem in plaats daarvan jou verwennen met wat tong- of handwerk. Dit verwarmt jou terwijl hij een beetje af kan koelen. Kom je bijna klaar, laat hem je dan weer nemen tot je samen sterretjes ziet.

LUSTLES NR. 4

Vind je G-plek

Dit illustere opwindingsknopje kan aardverschuivende orgasmen teweegbrengen. En: iedere vrouw heeft zo'n plekje! Hier de ABC's voor het vinden ervan.

'Wat is het precies?'

De G-plek is een daalder-grote erogene zone die net achter je voorste vaginawand verborgen ligt. Als het wordt aangeraakt zwelt het op en brengt geile gevoelens met zich mee. Je kunt het vergelijken met een clitoris die ook opzwelt als hij gestimuleerd wordt. De meeste vrouwen echter zeggen dat het veel sterkere golven van genot veroorzaakt als dit plekje 'gekieteld' wordt.

SPUITENDE VROUWEN?
Een klein percentage vrouwen zegt dat tijdens hun G-plek-orgasmes doorzichtig, geurloos vocht vrijkomt.

'Hoe vind ik de mijne?'

De simpelste strategie: breng een of twee vingers een centimeter of vijf in je vagina met je handpalmen naar boven gericht. Druk tegen de voorste vaginawand of maak een soort 'kom hierheen'-beweging met je vinger(s). 'Op een paar centimeter diepte zul je een sponsachtig gebiedje tegenkomen,' zegt Sandor Gardos, arts en seksuoloog bij de site www.mypleasure.com. Is jouw G-plek nog steeds een mysterie voor je, probeer het dan met een paar vingers in en een paar vingers van je andere hand buiten je vagina. 'Trek een denkbeeldige lijn van je navel tot de bovenkant van je schaambeen en druk er zachtjes op,' zegt Judy Kuriansky, arts, sekstherapeute en radiopresentatrice in New York City. Voel je iets tintelen, dan zit je in de juiste richting. Wees niet verbaasd als je het gevoel krijgt dat je moet plassen. 'Omdat het G-plekje vlak bij de urinebuis ligt, is die aandrang volkomen normaal,' zegt Hilda Hutcherson, professor in de verloskunde en gynaecologie aan Columbia University in New York City. Na een paar seconden verandert de aandrang in G-plekpret.

ZINNELIJKE UITDAGING 🔥🔥🔥🔥🔥

Passie Propeller

■ Erotische instructies:

Begin in de normale missionarishouding, jij onder, hij boven op je. Maar dan… draait hij zich 180 graden terwijl hij zijn lid al die tijd in je laat zitten. Help hem bij het draaien, alsof je de bladen van een propeller aanduwt. Let op dat je zijn benen optilt als hij ze over je hoofd haalt.

■ Waarom je ervan geniet:

Heeft hij eenmaal uitzicht op je voeten, dan voelen jullie je als een stel sexy dynamo's en misschien willen jullie er nog wel een paar draaitjes aan geven. Nog een voordeel van dit draaierige genot is dat jij nu eens ongegeneerd naar alle geheime plekjes van zijn lichaam kunt kijken. En: je hoeft er bijna niets voor te doen. Je propellerprins doet al het werk.

COSMO HINT

Dit gedraai rond je roosje kan het moeilijk maken om in je ritme te blijven. Heb je steeds het gevoel dat hij uit je gaat glippen, probeer het dan met een kussen onder je kont zodat je heupen uitsteken voor een gemakkelijkere entree.

De Cosmo Kama Sutra

ZINNELIJKE UITDAGING 🔥🔥🔥

Billen in Balans

■ Erotische instructies:

Ga met je rug naar hem toe staan en buig je rustig voorover met licht gebogen knieën. Zet je handpalmen op de grond voor steun. Is lenigheid niet je sterkste punt, buig je knieën dan iets dieper. Laat hem je van achteren nemen en zeg hem zijn onderarmen om je heupen te slaan voor extra balans. Raak je uit je evenwicht, duw je handen dan nog steviger op de grond. Je kunt ook een groot kussen onder je handen leggen om je aan vast te houden tijdens deze rit naar de zevende hemel.

■ Waarom je ervan geniet:

Bij deze positie komen je billen niet alleen op een verleidelijke manier in zicht, maar hij kan zo onder een unieke hoek in je stoten. Je clitoris wordt van binnenuit gestimuleerd omdat er druk op je binnenste geslachtsdelen komt te staan. En: de zuidelijke inslag van zijn granaat verhoogt de kansen dat hij je G-plek raakt.

COSMO HINT
Om dit ondeugende pleziertje nog meer impact te geven, kun je hem vragen om je met zijn vrije hand van voren te strelen. De extra stimulatie zal je doen kreunen om meer!

De Cosmo Kama Sutra

ZINNELIJKE UITDAGING 🔥🔥🔥🔥

Rug Rock

■ Erotische instructies:

Je vriend ligt met gestrekte benen op zijn rug met een kussen onder zijn hoofd zodat hij de actie goed kan volgen. Bestijg hem met je rug naar hem toe. Steun met je handen op het bed of op de grond en parkeer jezelf op zijn lid. Ondertussen ondersteunt hij je dijen of billen. Terwijl je op en neer rijdt, maak je maximaal gebruik van de lengte van zijn penis.

■ Waarom je ervan geniet:

Grote kans dat de Rug Rock je favoriete standje uit de serie 'Van achteren' wordt. Omdat jij de hoek van de stoten, de diepte en de cadans ervan bepaalt, heb je veel gelegenheid om je eigen hete plekjes nader te leren kennen en ermee te experimenteren. Kom in een ritme en draai een paar rondjes voordat je onverwacht dieper stoot. Het geeft je maximale controle voor een spetterend orgasme. Je lover kan genieten van alle sensaties zonder zich in het zweet te werken. En hij zal het uitzicht op je wiebelende kontje voorlopig niet meer van zijn netvlies krijgen.

COSMO HINT: Worden je knieën stijf of pijnlijk, zet je voeten dan naast zijn billen en hurk boven hem. Deze veranderde positie opent weer een heel andere wereld van hoeken en snelheid. Het zal je erotische uithoudingsvermogen verhogen. Zodat jij en je lover die extra kilometer met gemak afmaken.

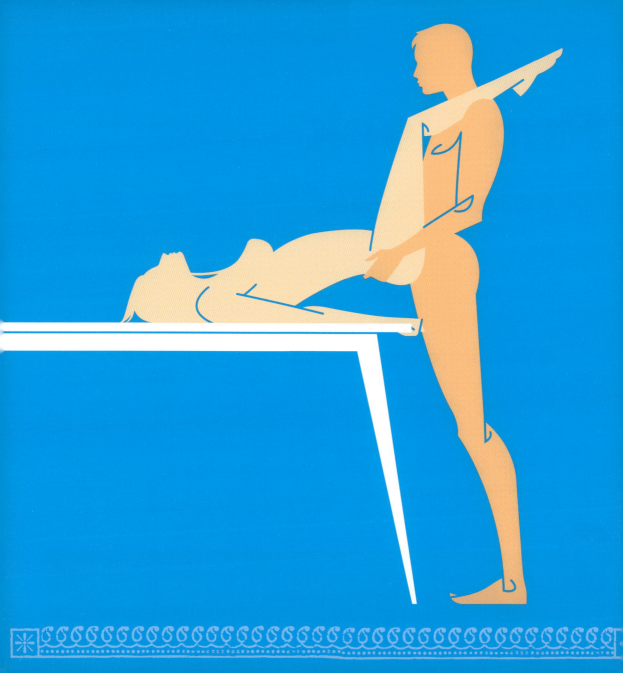

ZINNELIJKE UITDAGING 🔥🔥🔥🔥🔥

Vurige Vlinder

■ Erotische instructies:

De sleutel voor vlinderachtig succes zit 'm bij dit standje in de positionering van jullie lijven. Vind allereerst een plekje waar jij met je rug op kunt liggen en waar hij op de juiste kruishoogte voor je kan staan. Denk bijvoorbeeld aan de keukentafel, een hoog bed, een bureau, balie of zelfs de motorkap van je (terrein)wagen. Til je benen op en leg ze op zijn schouders. Kantel je bekken zodat je rug een rechte hoek vormt met zijn lichaam en jullie intieme plekjes elkaar raken. Laat hem je heupen ondersteunen met zijn handen zodat je bloempje precies in de juiste penetreerhoek ligt terwijl hij in je stoot.

■ Waarom je ervan geniet:

De Vlinder voelt fijn omdat je weinig moeite hoeft te doen voor ongeëvenaarde extase. Je gekantelde bekken geeft zijn paal volledig toegang tot jouw schede en veroorzaakt genoeg wrijving voor jullie beider genot. Als jullie het heel langzaam doen, is het superdromerig. Het resultaat: een orgasme waarbij je het gevoel krijgt dat je fladdert en vliegt.

COSMO HINT
Voeg voor je eigen plezier nog wat clitorale actie toe door jezelf met je vingers te masseren. De aanblik van dit ongeremde gedrag bezorgt hem nog wat extra oogsnoep.

ZINNELIJKE UITDAGING 🔥🔥🔥

Dubbele Dij Dans

■ Erotische instructies:

Deze positie geeft de term *dirty dancing* een heel andere betekenis. Ga op de vloer of op een ander vlak oppervlak liggen en buig je benen onder je zodat je hielen je kont ondersteunen. Leg je armen boven je hoofd en laat hem op je liggen met zijn gezicht vlak bij het jouwe. Zijn armen slaat hij onder je schouders door en zo kan hij je nek ondersteunen. Hebben jullie allebei een comfortabele positie ingenomen, dan kan hij je penetreren terwijl hij ronddraaiende of op- en neergaande bewegingen maakt, wat je maar lekker vindt en waarvoor je maar in de stemming bent.

■ Waarom je ervan geniet:

Ten opzichte van andere posities waarbij je diepe penetratie bereikt, is dit er een voor optimaal oogcontact, voor hete kussen en ander liplikkend lekkers. Hij kan een vrije hand gebruiken om je borsten te strelen en je tepels te verwennen. En met je handen boven je hoofd geef je je helemaal over aan zijn manier om je van het opperste genot te voorzien.

COSMO HINT
Met je benen onder je gevouwen en je armen omhoog trekt je rug vanzelf hol. Benut dit acrobatische standje nog meer door je rug nog holler te trekken en je ontdekt dat zijn lid je nog diepere genoegens kan schenken.

De Cosmo Kama Sutra

ZINNELIJKE UITDAGING 🔥🔥🔥

Erotische Achtbaan

■ Erotische instructies:

Laat hem op zijn rug liggen en ga rechtop, met opgetrokken knieën op hem zitten. Je handen vinden steun op zijn heupen en je voeten staan plat naast zijn knieën terwijl je met tergend langzame bewegingen begint aan dit erotische achtbaanritje. Heb je eenmaal de juiste hoek te pakken, versnel dan je bewegingen, waarbij je de diepte van de penetratie steeds varieert. Leun vervolgens naar achteren terwijl je op je handen leunt, die je naast zijn lijf neerzet totdat je met je rug op zijn borst ligt. Ga dan door met het racetempo totdat jullie allebei volkomen uitgeput maar optimaal bevredigd uithijgen van een welvend orgasme.

■ Waarom je ervan geniet:

Omdat er weinig tot geen oogcontact is, voelt je man zich vrij om zich volledig te verliezen in dit rollenspel: een enorme opwinding maakt zich van jullie beiden meester. Als je achterover leunt, kan hij bovendien je borsten masseren en je overal strelen: je buik, je clitoris – zodat je lijf alle aandacht krijgt die het verdient.

COSMO HINT

Laat ze over zijn dijen glijden, speel met zijn ballen. En geef zijn paal wat aaitjes terwijl je in je ritme komt. Je zult moeten stoppen als je achterover leunt, maar tijdens de tweede ronde krijg jij alle aandacht. Terwijl hij even moet wachten tot je weer gaat zitten, zal hij smeken om meer!

ZINNELIJKE UITDAGING 🔥🔥🔥🔥🔥

Hemelse Trap

■ Erotische instructies:

Kniel op een trap voor de neus van je partner terwijl hij een paar treetjes lager achter je knielt. Laat hem dicht op je kruipen en terwijl jij je vasthoudt aan de trede boven je of aan de leuning, kan hij je heupen ondersteunen voor meer houvast. Laat hem je op deze manier van achteren penetreren.

■ Waarom je ervan geniet:

Dit heerlijke standje is handig omdat hij het hoogteverschil van de trap kan gebruiken om je op een unieke opwaartse manier te plezieren. Hierdoor heb je grote kans dat je G-plekje wordt geraakt. Om de boel nog wat te intensiveren, kun je voorover leunen zodat je met je billen superdicht tegen zijn kruis aanrijdt – de trap naar de hemel…

COSMO HINT

Je kunt jullie beider plezier tijdens deze hemelse trap nog verdubbelen. Houd met één hand de traptreden vast en kietel je plezierknopje met de andere: dit bezorgt je gegarandeerd de nodige kriebels! Houd je het niet meer, pak hem dan tussen zijn benen door bij zijn ballen, waardoor je de kriebels aan hem doorgeeft.

De Cosmo Kama Sutra

ZINNELIJKE UITDAGING 🔥🔥🔥🔥

Man van Opzij

■ Erotische instructies:

Ga op je zij liggen, strek je onderste been en trek het bovenste op. Hij kruipt met elk been aan een kant op je en gaat tegen je billen aan zitten om je zo te penetreren. Je kunt je opgetrokken been nog verder uitstrekken op het bed zodat je hem een beter uitzicht op je derrière geeft en hij je stevig kan vastgrijpen om je heupen te stabiliseren, zodat hij lekker in en uit kan stoten.

■ Waarom je ervan geniet:

Met dit 'man van opzij'-standje bereikt hij automatisch al jouw moeilijkst te bereiken plekjes. De unieke hoek van zijdelingse penetratie laat je dingen voelen die je nog nooit hebt gevoeld: het is heel wat anders dan de normale standjes. Bijkomend voordeel is dat je heel ontspannen kunt liggen en jezelf op de meest intieme plekjes kunt bevingeren.

COSMO HINT
Een beetje afwisseling in dit standje brengen is heel gemakkelijk. Open je benen een klein beetje – net genoeg om hem een iets betere toegang tot je vagina te geven. Hoe dichter je hierbij op elkaar blijft zitten, hoe meer gevoelige frictie jullie beiden zullen ervaren.

ZINNELIJKE UITDAGING 🔥🔥🔥🔥🔥

Schoot Schatje

■ Erotische instructies:

Laat je lief plaatsnemen in een gemakkelijke stoel en leg een kussen onder zijn dijen om ze een klein beetje omhoog te brengen. Ga nu op hem zitten en leun achterover zodat je tegen zijn dijen steunt en je je kuiten op zijn schouders kunt leggen. Hij kan nu je heupen vastpakken terwijl hij 'm erin stopt. Jij kunt nu een dansende beweging maken met je heupen terwijl je je afzet tegen zijn schouders en de opstaande stoelleuning. Hij doet mee door je heupen naar zich toe te trekken.

■ Waarom je ervan geniet:

Dit standje geeft allereerst visueel genoegen. Met jou op zijn schoot, met geopende benen, krijgt hij een zeer persoonlijke blik op je. Bovendien kan hij gemakkelijk alle fijne plekjes aanraken: je borsten, benen, buik en al je geheimen tussen je benen. Alle zachte strelingen zullen jouw sensuele genoegen intensiveren. Je genot zal langzaam maar zeker naar grote hoogte stijgen.

COSMO HINT Omdat jij de controle hebt over de hoek en de diepte van zijn liefdeslid, kun je zijn penis heel precies richting navel leiden om je G-spot van wat actie te voorzien. Wees zijn reisleidster en kantel je bekken op precies de juiste manier en maak hem deelgenoot van al je sensaties.

ZINNELIJKE UITDAGING

Been Klem

■ Erotische instructies:

Dit standje is gemaakt voor het aanrecht. Hop erop en spreid je benen. Laat hem tussen je dijen staan, omklem zijn billen met je benen en laat hem in je duiken. Je creëert zo maximale hitte in minimale tijd.

■ Waarom je ervan geniet:

Laten we het onder ogen zien: soms ben je niet in de stemming voor lange bedsessies. Dan ben je gewoon supergeil en heb je zin in een vluggertje zodat je snel kunt klaarkomen. Dit standje is speciaal ontworpen als finale van die speciale avondjes waarop je al bijna bent klaargekomen voordat je de voordeur hebt bereikt. Het staat buiten kijf dat je met dit 'dieper dan diep'-standje allebei heel snel klaar zult komen. En: mannen vinden het super om het ergens te doen waar ze het nog nooit hebben gedaan – seks buiten de slaapkamer is voor hen een opwindend seintje dat jij geen enkel taboe kent.

COSMO HINT
Kun je het tijdens het beklimmen van de trap naar je appartement al niet houden? Laat je dan maar gaan en doe dit standje gewoon onderweg. Het fijne van de beenklem is dat je het overal kunt doen, als je maar voor hem kunt zitten en je benen om zijn kont kunt slaan. Hm, dit opent een wereld van stoute mogelijkheden...

De Cosmo Kama Sutra

ZINNELIJKE UITDAGING

Jodelende Joystick

■ Erotische instructies:

Je man ligt op zijn rug op bed of op de grond met zijn armen boven zijn hoofd. Ga op hem zitten en schuif je benen recht voor je uit zodat je voeten steun vinden onder zijn schouders. Houd je vast aan zijn schenen of druk je op vanaf de grond zodat je jezelf kunt liften. Maak vervolgens ronddraaiende bewegingen, achtjes als je wilt, zodat je zijn penis in je heen en weer laat rollen. Alsof het een joystick is – zo'n ding dat je bij videospelletjes gebruikt!

■ Waarom je ervan geniet:

Dit is een ultiem standje omdat je enorme vrijheid krijgt. Bovendien voegt het een leuke draai toe aan de typische in- en uitbeweging. Jij bent in controle aan het 'roer', jij bespeelt zijn stick en bepaalt zijn activiteitsniveau. Terwijl je lekker bezig bent, schudden je borsten in alle richtingen – de droom van iedere exhibitionist.

COSMO HINT

Verras je gameboy met wat onverwachte actie uit de heupen. Varieer je ronddraaiende bewegingen met zijwaartse en op en neer gaande. Door het feit dat hij niet weet wat er gaat komen, zal hij extra opgewonden raken: alsof hij de hoogst mogelijke score gaat bereiken.

De Cosmo Kama Sutra

ZINNELIJKE UITDAGING 🔥🔥🔥🔥

De Rock-'n-Roll

■ Erotische instructies:

Ga op je rug op de grond of op bed liggen en breng je knieën naar je kin. Laat hem voor je knielen en met zijn borst op de onderkant van je dijen leunen. Jij kunt je knieholtes laten rusten op zijn schouders en hij kan je nu penetreren zoals hij dat tijdens de missionarishouding zou doen. Voor wat extra hefboomeffect kun je zijn bovenarmen vastpakken terwijl hij je onderrug optilt en in je begint te stoten.

■ Waarom je ervan geniet:

Deze variant op de man bovenop maakt dat je je heerlijk kwetsbaar en open voelt terwijl zijn diepe stoten je tot waanzin drijven. Dit is ook een goed standje voor extra sensuele partners die wat lipactie wensen terwijl ze elkaar nemen. Omdat jullie gezichten vlak bij elkaar zijn is het makkelijk om je oerinstincten op elkaar los te laten. Lik, knabbel en zuig er dus lekker op los terwijl je elkaars wereld ondersteboven zet.

COSMO HINT
Heb je eenmaal een lekker ritme gevonden en genoeg balans om een hand los te laten, dan kun je je vrije hand gebruiken om door zijn haar te woelen en zijn rug en schouders te aaien. De combinatie van jou zien terwijl je hem ook op andere plekjes aanraakt, zullen hem doen swingen van genot.

De Cosmo Kama Sutra

LUSTLES NR. 5

Erotische Extraatjes

Om elkaar echt naar de zevende hemel te brengen probeer je deze erotische extraatjes.

Maak je bed
Verwen jezelf en hem met super-de-luxe, zachte lakens en lekker beddengoed. Laat het praktische flanel liggen en ga voor de gladde stoffen zoals zijde en satijn.

Glad huidje
Omdat de lustlessen veel energie kosten, smeer je je in met naar lavendel, mint of citroen geurende olie voordat je elkaar genot geeft. De geuren verlevendigen je gevoelens en zorgen ervoor dat je niet zweterig aan elkaar vastplakt. De sexy geur blijft ook lang in de lakens hangen; elke keer als je het ruikt, wil je weer!

Kuswerk
Probeer deze Kama Sutra-zoenen. Zuig zachtjes op zijn bovenlip terwijl hij hetzelfde met jouw onderlip doet. Neem vervolgens zijn beide lippen tussen die van jou. Of kietel zijn lippen met je vingers, lik ze eerst met je eigen tong en steek die vervolgens diep in zijn mond.

Mood-muziek
Langzame, zachte muziek is een ultieme lustopwekker. Kies een cd die jij en je lief allebei heerlijk vinden. Of leg eens iets heel anders op; bijvoorbeeld Indiase muziek met klankschalen en bijzondere ritmes die je sensuele zintuigen prikkelen en seksuele gevoelens verhogen.

Adem diep
Het klinkt vrij voor de hand liggend, maar in het heetst van de strijd ademen mensen vaak zo oppervlakkig dat ze te snel energie verliezen. Open in plaats daarvan je mond, ontspan je kaak en neem diepe buikteugen lucht terwijl je neukt. Het helpt je om een superorgasme te krijgen. En: al die zware ademhalingsgeluiden zijn voor hem een teken dat je geniet van wat hij allemaal aan het doen is. Er is geen grotere stimulans dan geluid!

LUSTLES NR. 6

LUSTOPWEKKERS VS. LUSTAFKNAPPERS

Er loopt een dunne lijn tussen totaal erotisch en totaal idioot.

OPWEKKERS	AFKNAPPERS
Een paar kleine kaarsjes rond je bed.	Honderd kaarsen rond je bed, als bij een altaar.
De stem van Barry White uit je cd-speler.	Barry Manilow als achtergrondmuziek
Een glas heerlijke wijn. 	Een kist heerlijke wijn.
Een verpleegsterspakje aantrekken.	Je verkleden als non.
In zijn oor fluisteren: 'Ik wil je nu.'	Op je hardst gillen: 'Neem me nu!'
Een babydoll als nachthemdje.	Een nachthemd in omastijl.
Samen een douche nemen.	Je benen scheren terwijl hij je rug probeert in te zepen.

De Cosmo Kama Sutra

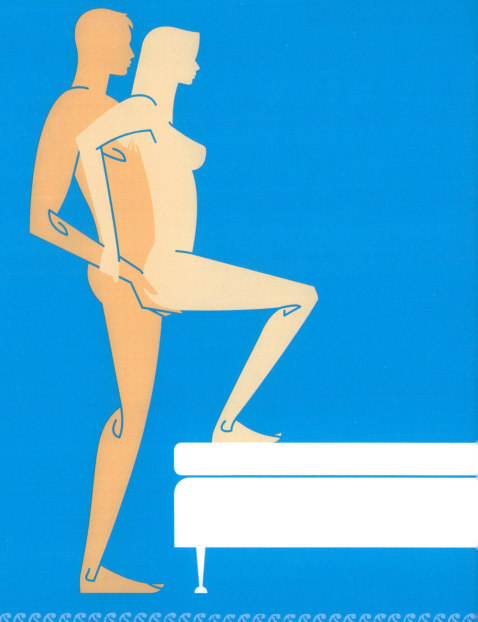

ZINNELIJKE UITDAGING

Lustig Leunen

■ Erotische instructies:

Klim op bed of ga op een stoel staan met je rug naar hem toe en buig door je knieën. Laat hem achter je staan zodat je naar achteren tegen zijn schouders aan kunt leunen. Laat hem je billen of dijen omklemmen zodat je ter hoogte van zijn penis kunt 'zitten' en pak zijn polsen vast. Als hij je penetreert kun je je opening smaller of wijder maken door je benen te spreiden of te sluiten. Gebruik je knieën als kleine veertjes waarmee je in kleine bewegingen heen en weer beweegt.

■ Waarom je ervan geniet:

Achterover leunend voel je dat hij helemaal voor je zorgt – en hij voelt zich stoer, als een jonge hengst die voor het eerst mag dekken. De zwaartekracht doet leuk mee want je gunt hem diepe penetratie eenvoudigweg door je steeds een beetje te laten zakken. Bovendien maak je meer schuivende bewegingen dan het gebruikelijke in en uit.

COSMO HINT

Zit je eenmaal in je ritme, wissel dan een beetje af. Kan hij je gemakkelijk in deze kwetsbare positie houden, laat hem dan een stap naar achteren zetten. De veranderde hoek zal je vaginawand op verschillende manieren raken zodat je climax maximaal geïntensiveerd wordt.

ZINNELIJKE UITDAGING 🔥🔥🔥

Couch Knuffel

■ Erotische instructies:

Laat je partner op de bank of op een comfortabele stoel zitten en ga op hem zitten met je gezicht naar hem toe. Omklem zijn schoot met je benen uit elkaar en je knieën tegen zijn borstkas gedrukt. Leun langzaam naar achteren zodat je bijna ondersteboven hangt. Strek je armen nu naast je op de grond zodat je jezelf op je handen in balans kunt houden. Rijd nu tegen hem op, waarbij je je benen opent en sluit.

■ Waarom je ervan geniet:

Deze positie geeft hem het idee dat hij midden in een ondeugende seksscène zit. Hij heeft vrij uitzicht op jouw intieme delen in actie. Op dit beeld kan hij zijn seksuele fantasieën jarenlang blijven opladen! Omdat jij degene bent die de snelheid en timing bepaalt, verwen je jezelf met je favoriete bewegingen. Je wordt heter dan de hel!

COSMO HINT

Oefen je bekkenbodemspieren zodat je hem met je vagina nog strakker kunt omklemmen. Hierdoor kom je zelf ook intenser klaar. Als hij klaar is om te komen, span je deze spieren extra aan. Hij zal in je ontploffen!

De Cosmo Kama Sutra

ZINNELIJKE UITDAGING

Erotische Accordeon

■ Erotische instructies:

Laat je lover met opgetrokken knieën op zijn rug liggen. Hurk met je gezicht naar hem toe over hem heen en omklem hem met je dijen. Laat jezelf nu op hem zakken. Hoe hoger hij zijn knieën optrekt, hoe beter zijn penis bereikbaar is. Jij houdt hier de touwtjes in handen, dus buig je knieën en beweeg op en neer.

■ Waarom je ervan geniet:

Dit sexy standje is weer eens heel wat anders dan je gewend bent. Het geeft jou de controle en hij krijgt de kans om een ondergeschikte rol te spelen. En: jouw gevoelige binnenste en buitenste schaamlippen genieten maximaal bij deze ondiepe penetratie.

COSMO HINT
Spreek af om allebei je ogen open te houden. Uitzicht op elkaars opgewonden gezichten geeft jullie een immense kick.

ZINNELIJKE UITDAGING 🔥🔥🔥🔥🔥

Uitzinnig Uitzicht

■ Erotische instructies:

Ga op je zij liggen op een glad oppervlak. Kies je voor het bed, maak het dan eerst op, want rommelige lakens verstoren je ritme bij deze positie. Steun op één elleboog en steek je bovenste been in de lucht terwijl je het andere uitstrekt op het bed. Laat hem over het platliggende been schuiven en je penetreren terwijl hij je uitstekende been vastklemt tegen zijn borstkas of het tegen zijn schouder laat leunen. Hij kan het, als je dat allebei lekker vindt, ook omhoogtrekken om je beter te kunnen penetreren.

■ Waarom je ervan geniet:

Met je been tegen zijn harde lijf kan je man je opening manipuleren voor de beste invalshoek. Hij kan je nemen in op- en neergaande bewegingen of juist heen en weer gaan. De verschillende manieren van stoten zullen ultrasensuele gevoelens in je wakker maken.

COSMO HINT

Met je vrije hand kun je hem verwennen: streel zijn borstkas met een vinger terwijl je hem diep in de ogen kijkt. Bevochtig je vinger met je tong en verwen zachtjes zijn tepels: veel mannen vinden dit heerlijk!

De Cosmo Kama Sutra

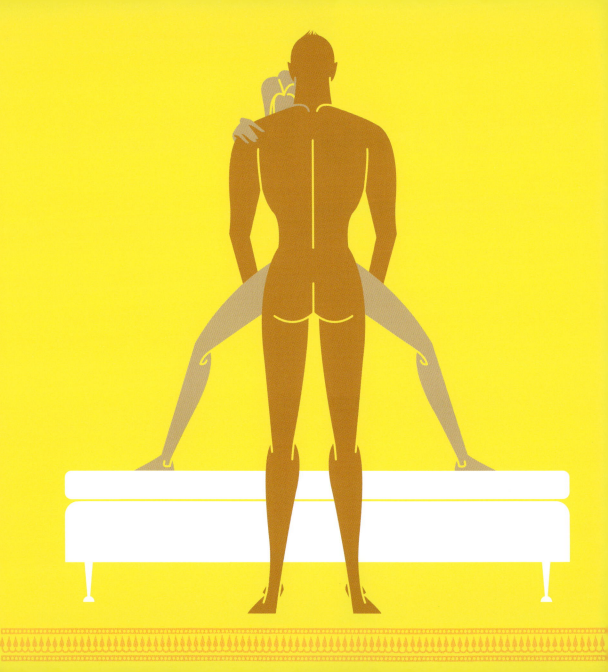

ZINNELIJKE UITDAGING

Sofa Spreid Stand

■ Erotische instructies:

Ga op de rand van het bed, een bank of twee stoelen staan en spreid je benen zo wijd je maar kunt. Positioneer je man zodanig dat hij recht voor je staat. Pas je spreiding aan zijn hoogte aan door je knieën meer of minder te buigen zodat hij gemakkelijk tussen je lippen kan glijden en jullie buiken elkaar raken. Zijn handen ondersteunen je billen en je leunt op zijn schouders. Rijd tegen elkaar op in een hypnotiserend ritme.

■ Waarom je ervan geniet:

Er gaat niets boven het impulsieve 'Ik wil je hier en nu'-gevoel dat teweeg wordt gebracht als je neukt wanneer je staat. Deze Sofa Spreid Stand bespaart je de ellende van het zoeken naar de juiste penetreerhoek. Terwijl jouw stabiele houding je alle vrijheid geeft om met hem mee te bewegen, geeft het je ook dat supersexy gevoel van kwetsbaarheid terwijl je je op die manier voor hem opent. Bovendien geeft al die frontale actie je clitoris de nodige stimulatie zodat je zonder handen naar een climax kunt rijden.

COSMO HINT

Omdat je allebei staat, kun je je vrij bewegen. Laat niets je dus weerhouden om je handen te gebruiken – of je nu zijn rug of nek streelt of zijn ballen kietelt – hij zal genieten van alle aandacht. Zorg ook voor jezelf: leid zijn lippen naar je tepels en leg zijn vingers precies daar waar jij ze wilt voelen.

De Cosmo Kama Sutra

ZINNELIJKE UITDAGING 🔥🔥🔥🔥🔥

Sexy Schaar

■ Erotische instructies:

Ga op je rug op een tafel of bureau liggen met je heupen precies op het randje. Trek je benen op, je voeten wijzen naar het plafond zodat je een hoek van negentig graden maakt. Je vriend houdt je vast aan je enkels en penetreert je. Kruis vervolgens je benen en leg de linkerhiel op zijn rechter- en je rechterhiel op zijn linkerschouder. Hij kan je opening nu wijder en smaller maken door je gekruiste benen als een schaar heen en weer te bewegen.

■ Waarom je ervan geniet:

Geen enkel ander standje geeft je zoveel verschillende sensaties. Het ene moment maken je benen een erotische X, waardoor je supersmal bent voor een innige omklemming. Het volgende moment ben je wijd open en kun je hem diep in je voelen. Om gek van te worden!

COSMO HINT
Geef hem een geweldige extra show door je borsten en tepels te masseren. Of help jezelf een handje door je clitoris te strelen. Het maakt de genotsmix alleen nog maar groter.

ZINNELIJKE UITDAGING 🔥🔥🔥🔥🔥

Kreunend Kruis

■ Erotische instructies:

Begin door op je zij te gaan liggen met je armen boven je hoofd. Til je bovenste been op en nodig je lover uit om tussen je benen in te gaan liggen, met zijn borst naar jouw rug toe. Als jullie kruisen elkaar gevonden hebben, kan hij je schouders vastgrijpen terwijl jij je armen een beetje spreidt voor de beste steun. Jullie zullen allebei houvast nodig hebben voor dit heftige standje!

■ Waarom je ervan geniet:

Deze zijwaartse penetratie is er een voor de recordhouders onder ons. Behalve met de typische diepe stoten kan hij je ook verwennen met wat ondiepe actie. Deze nieuwe invalshoek geeft hem de ruimte om elke centimeter van je heiligdom te verkennen, met name de kanten die vaak verwaarloosd worden, zodat hij je een hele reeks lustvolle gevoelens kan geven.

COSMO HINT
Draai je bovenlijf voor meer impact zodra hij dieper begint te stoten. Denk aan een minikurkentrekker: als je buik richting bed of grond wijst, probeer je je rug een beetje te hollen. Ligt je rug meer naar het bed toe gekeerd, dan bol je je rug een beetje naar voren. Het zal niet lang duren of hij vliegt richting orgasme.

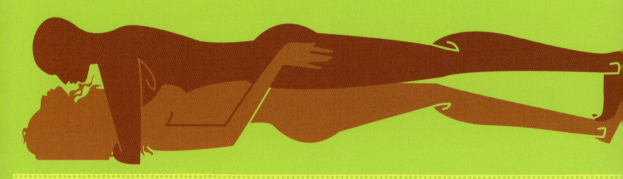

ZINNELIJKE UITDAGING

Zacht & Zinnelijk

■ Erotische instructies:

Probeer deze gekmakende variatie op de missionarishouding (hij boven, jij onder). Laat je man nu niet op zijn armen steunen, maar laat hem iets meer naar boven komen zodat jullie neuzen elkaar kunnen raken. Laat hem je nek stevig omarmen en houd allebei je ruggen en benen recht zodat je plat op elkaar ligt. Duw je bekken een paar centimeter omhoog en laat hem het zijne juist naar beneden drukken zodat je tegendruk voelt. In plaats van het normale in- en uitscenario kun je nu wiegend bewegen.

■ Waarom je ervan geniet:

Oké, de missionarishouding begint een beetje saai te worden. Maar omdat hij meer naar boven ligt, zal de basis van zijn penis je clitoris automatisch raken. De wiegende beweging brengt je snel naar een orgasme: de spanning stijgt langzaam maar zeker. Omdat jullie genitaliën zo dicht op elkaar zitten, zal je climaxklim snel toenemen.

COSMO HINT

Om een beetje extra passie toe te voegen, kun je zachtjes in zijn wangen bijten of knijpen, waarna je je vingers langzaam op en neer over zijn ruggengraat laat glijden. Bereik je zijn hoofd, masseer zijn hoofdhuid dan, kroel door zijn haren en geef hem een tongzoen die hij nooit meer zal vergeten.

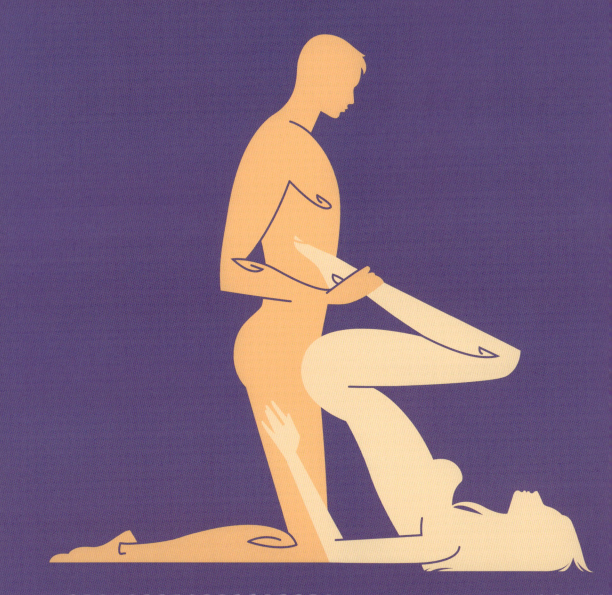

ZINNELIJKE UITDAGING 🔥🔥🔥🔥

De G-Kracht

■ Erotische instructies:

Ga op je rug liggen en trek je knieën op naar je borst. Vraag je lover om op zijn knieën voor je te gaan zitten en je voeten vast te houden. Laat hem zijn heupen naar voren duwen en je penetreren. Op zoek naar nog meer 'Mijn God wat is dit lekker'-actie? Zet je voeten dan tegen zijn borstkas en laat hem je heupen ondersteunen – het geeft hem extra controle en nog diepere toegang.

■ Waarom je ervan geniet:

Je moet de teugels aan hem geven, maar dit standje is het dubbel en dwars waard. Voor degenen die de kracht van de G-plek al kennen, zal de diepe, intense penetratie algauw naar een zinderend orgasme leiden. En er is geen enkele reden waarom hij je tijdens dit standje niet dubbel van dienst kan zijn. Tijdens de G-Kracht lig je namelijk in de perfecte houding om je clitoris te laten strelen. Bij volledige overgave is dit de positie waar de kracht met je zal zijn.

COSMO HINT
Om hem opgewonden te houden terwijl hij aan het werk is, geef je hem wat visuele prikkels. Hij zit er namelijk prima bij om al jouw reacties te peilen, wees dus niet zuinig met genotvolle gezichtsuitdrukkingen. Laat hem precies weten hoezeer je deze dubbele service kunt waarderen.

De Cosmo Kama Sutra

ZINNELIJKE UITDAGING 🔥🔥🔥🔥

Indiaantje Spelen

■ Erotische instructies:

Laat je vriend in kleermakerszit plaatsnemen. Zak op zijn schoot, maar laat hem je nog niet penetreren. Vouw je benen om zijn torso zodat je voeten zijn billen raken. Houd elkaars armen of onderrug vast en laat hem in je komen. Begin allebei langzaam heen en weer te wiegen en ga, naarmate je orgasme nadert, steeds sneller en sneller.

■ Waarom je ervan geniet:

Net zoals tijdens de gewone missionarishouding geeft dit standje ruimte voor maximaal oog- en lichaamscontact. Maar er is nog een passiepiek. De comfortabele, rechte zithouding geeft jullie beiden gelijke controle over de snelheid en timing van zijn stoten, zodat je allebei langzaam naar een plezierpiek toe kunt werken. Ook fijn: je clitoris zit tijdens dit standje binnen zijn handbereik, zodat hij je liefdesknopje kan aaien zonder de hete actie te onderbreken.

COSMO HINT
Varieer je wiegende bewegingen om je plezier te verlengen. Je kunt langzaam tegen elkaar op rijden en dan plotseling versnellen. Of opeens heel diep gaan, waarna je elkaar plaagt met oppervlakkige penetraties. Wees creatief – je weet nooit welke stootcombinatie jullie allebei naar de indianenhemel stuurt.

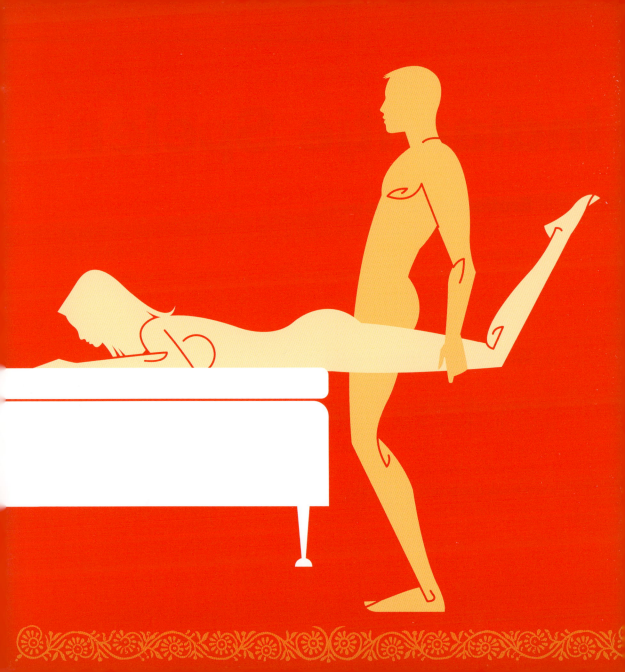

ZINNELIJKE UITDAGING

Keukentafel Klem

■ Erotische instructies:

Ga met je bovenlichaam voorover op de keukentafel liggen (op je bed mag ook). Hij komt tussen je benen staan en tilt je benen vlak boven je knieën op, waarna hij je van achteren penetreert.

■ Waarom je ervan geniet:

Door de hoek die je lichaam maakt geef je hem ruim baan voor diepe stoten. En omdat je benen ook nog aan hem zijn overgeleverd, kun je niets anders doen dan je volledig overgeven aan zijn passie. Het feit dat hij goed zicht heeft op zijn naar binnen en naar buiten glijdende penis zal hem alleen maar heter maken. Jij voelt je ondertussen gewichtloos terwijl hij al het werk doet.

COSMO HINT

Vraag hem, als hij het bijna niet meer kan houden, om in plaats van je benen je heupen te ondersteunen. Deze plotselinge verandering zal voor een extra hete finale zorgen omdat hij nog meer controle over jouw lijf krijgt.

LUSTLES NR. 7

DE PERFECTE POSITIE VOOR JOU

Hebben jij en je lief wat hulp nodig bij het vinden van de perfecte standjes voor beiden? Hier oplossingen voor veelvoorkomende vrij-probleempjes.

HET PROBLEEM	DE OPLOSSING	WAAROM HET WERKT
Hij komt te snel klaar	**Erotische Accordeon**	De ondiepe penetratie helpt hem om zijn orgasme uit te stellen.
Jij komt voor hem klaar	**Hoofdzaken**	Doordat hij zelf de leiding heeft, komt hij sneller tot een climax.
Zijn penis is enorm	**Lekkere Lounge**	Jij bent de baas over de diepte van de stoten.
Hij heeft een klein staafje	**Sensuele Schommel**	Het maakt je ingang nauwer.
Hij is veel zwaarder dan jij	**Kittige Kruiwagen**	Je omzeilt zijn dikke buik.
Jij bent groter dan hij	**Lui Lepeltje**	Je ligt allebei op je zij, zodat hij je gewicht niet hoeft te dragen.

De Cosmo Kama Sutra

LUSTLES NR. 8

Iets voor alle smaken

Zit je vast in een saaie seksroutine? Deze drie menu's maken je bedgerechten weer opwindend.

Stook op dat vuurtje!
Vernieuw je bedkreunen met deze openhartige maaltijden.

 VOORAFJE Jij onder hem (Sterretjes Zien) en je raakt elkaar van top tot teen.

 **HOOFDGERECHT** Naast elkaar (Zen-Zueel). Geniet van intens oogcontact en heerlijk lichaamscontact.

 DESSERT Vurige Vlinder. Net toen je dacht dat je niet dieper kon gaan… doe je het wel!

Voor een kinky feestje!
Stil je honger voor extra lekkere extase.

 VOORAFJE Jij bovenop (Zijg op zijn Zadel). Begin meteen goed met een staaltje draai- en kreunwerk.

HOOFDGERECHT Op z'n hondjes. (G-Plek Genot). Geef je innerlijke ondeugende meisje de ruimte en voel je zóóó goed.

 DESSERT Jij zit, hij staat (Been Klem). Geef hem je zelfgemaakte lievelingsgerecht.

Les je Doedorst!
Laat je opgekropte passie vrij door snelle acties.

 VOORAFJE Je staat allebei (Passionele Pick-Up). Breng hem binnen een paar minuten naar zijn hoogtepunt.

HOOFDGERECHT Jij hebt de leiding (Jodelende Joystick). Laat je helemaal gaan tijdens dit decadente standje.

 DESSERT Met elkaar verbonden (Spinnenweb). Geef elkaar een lieve, langzame beurt en kom samen klaar.

ZINNELIJKE UITDAGING 🔥🔥🔥🔥

Staande Ovatie

■ Erotische instructies:

Klim op bed of ga op een stoel staan met je rug naar hem toe en buig door je knieën. Laat hem achter je staan zodat je naar achteren tegen zijn schouders aan kunt leunen. Laat hem je billen of dijen omklemmen zodat je ter hoogte van zijn penis kunt 'zitten' en pak zijn polsen vast. Als hij je penetreert kun je je opening smaller of wijder maken door je benen te spreiden of te sluiten. Gebruik je knieën als kleine veertjes waarmee je in kleine bewegingen heen en weer beweegt.

■ Waarom je ervan geniet:

Achterover leunend voel je dat hij helemaal voor je zorgt – en hij voelt zich stoer, als een jonge hengst die voor het eerst mag dekken. De zwaartekracht doet leuk mee want je gunt hem diepe penetratie eenvoudigweg door je steeds een beetje te laten zakken. Bovendien maak je meer schuivende bewegingen dan het gebruikelijke in en uit.

COSMO HINT

Zit je eenmaal in je ritme, wissel dan een beetje af. Kan hij je gemakkelijk in deze kwetsbare positie houden, laat hem dan een stap naar achteren zetten. De veranderde hoek zal je vaginawand op verschillende manieren raken zodat je climax maximaal geïntensiveerd wordt.

ZINNELIJKE UITDAGING 🔥🔥🔥🔥

Ketsende Krab

■ Erotische instructies:

Lig op je zij en leg een kussen onder je hoofd om het te ondersteunen. Je man knielt direct achter je kont en leunt een beetje over je lijf heen. Hij moet nu een van zijn knieën tussen je benen duwen en zijn lichaam zo positioneren dat hij je kan penetreren. Voor zijn eigen balans kan hij een hand op je rug leggen zodat hij goed in je kan duiken. De sleutel voor lustvolle lol tijdens dit standje is dat je je benen zo slap als gekookte spaghetti houdt.

■ Waarom je ervan geniet:

Dit zijdelingse standje creëert enorme wrijving voor hem omdat je dijen zo dicht op elkaar zitten. En: omdat je dij gebogen ligt, krijgt hij nog diepere toegang. Door de combinatie van deze twee factoren zal zelfs de kleinst geschapen lover zich een reuzenkerel voelen! En terwijl hij je G-plekje plaagt, kan hij je borsten kussen of om je heen reiken om je clit te kietelen – hij verwent zo je hele lijf!

COSMO HINT

Bereikt hij bijna zijn climax? Zet je voeten dan stevig op het bed en duw jezelf van hem weg. Krijgt zijn penis eventjes geen actie, dan kun je jullie plezier nog wat langer rekken. Bonusje? Je krijgt weer dat 'geef me meer'-gevoel dat je in het begin had.

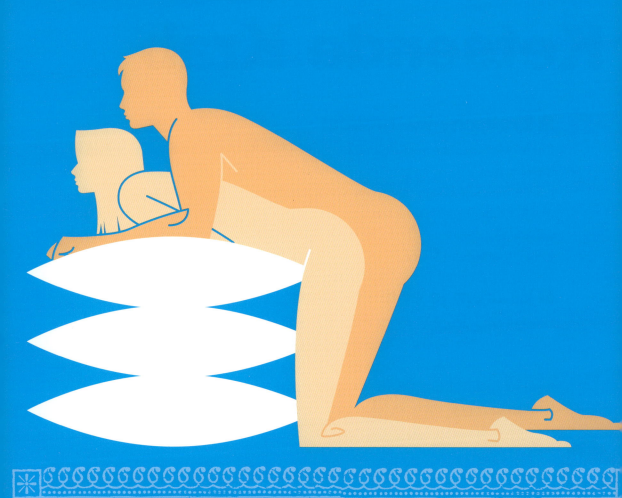

ZINNELIJKE UITDAGING

Betoverende Berg

■ Erotische instructies:

Bouw een grote berg van kussens op de grond en ga er met je borsten voorover op liggen zodat je rug op een natuurlijke manier opbolt. Laat je lover op je liggen, zijn borstkas aan jouw rug vastgeplakt en zijn armen over de jouwe heen. Gebruik de kussens als steun terwijl je je benen opent zodat hij ertussen kan knielen en je van achteren kan binnendringen.

■ Waarom je ervan geniet:

Je geeft hem de ondeugende sensatie van het op z'n hondjes doen, een positie waarmee je iedere man gek maakt, maar dan wel met superzachte ondersteuning voor jullie allebei. Met al die zachtheid onder je kan hij helemaal uit zijn dak gaan bij het stoten. En in tegenstelling tot de meeste achterwaartse bonksessies, is zijn hele lijf met het jouwe versmolten. Dit geeft intimiteitsverslaafden een ultrasensueel gevoel van top tot teen. Concentreer je op dit huidcontact en jullie sessie wordt nog intenser.

COSMO HINT

Varieer een beetje met je houding op deze betoverende lustberg. Klim een beetje omhoog zodat hij bijna helemaal boven op je ligt. En laat je wat meer zakken zodat je bijna op zijn schoot zit. Elke verandering van spijs geeft je iets nieuws om om te kreunen.

ZINNELIJKE UITDAGING 🔥🔥🔥🔥

Zijwaartse Samba

■ Erotische instructies:

Je ligt op je zij op bed of op de grond en draait je van je lief af met je benen recht voor je uit, in een hoek van 90 graden ten opzichte van je lijf (zodat je lijf erbij ligt in een L-vorm). Laat hem achter je op zijn zij liggen in een aangepaste lepeltjespositie, zodat zijn sleutelbos dicht bij jouw slotje komt. Dan drukt hij zijn bovenlijf op met zijn armen en plant hij zijn handen stevig aan weerskanten van jouw bovenlijf. Zodra hij je penetreert, heeft hij de controle over alle bewegingen terwijl hij in en uit je glijdt.

■ Waarom je ervan geniet:

Is jouw lovers piemel eerder klein dan groot, dan is dit hét standje voor jullie. Onder deze hoek kan hij je maximaal penetreren. En de schuine entree zorgt ervoor dat zijn vriend alle hoeken van jouw vagina te zien krijgt in plaats van alleen de boven- en onderkant. Dit geeft spetterende sensaties die je naar een enorme finale leiden.

COSMO HINT
Gebruik glijmiddel. Als je je benen bij elkaar knijpt, creëer je serieuze frictie waardoor je allebei erg lekker gestimuleerd wordt. Maar je moet je zaakjes wel absoluut glibberig houden zodat hij gemakkelijk in en uit je kan glijden.

ZINNELIJKE UITDAGING 🔥🔥🔥🔥🔥

Hijgende Hangplant

■ Erotische instructies:

Terwijl je staat, buig je voorover en steun je met je handen op je knieën. Zet je voeten een eind uit elkaar en houd je rug recht. Je partner staat achter je, komt van achteren bij je binnen en gaat zo dicht mogelijk tegen je aan staan terwijl hij je onderbuik vastpakt. Het is het lekkerst als jullie lijven zo dicht op elkaar zitten dat je elkaars bewegingen goed kunt voelen en als hij een beetje over je heen leunt om zijn stoten nog meer kracht bij te zetten.

■ Waarom je ervan geniet:

Deze hangplantpositie is geweldig voor gekmakende vluggertjes. Op deze manier voorover hangen geeft je lover de maximale diepte- en snelheidscontrole en de hoek die zijn penis in je maakt, geeft jou een ongelofelijk lekker gevoel. Hij kan zijn handen natuurlijk gewoon om je buik gevouwen houden, maar waarschijnlijk kan hij niet wachten om ze af te laten glijden naar je billen, borsten, heupen en dijen.

COSMO HINT

Laat hem stilstaan terwijl jij kurkentrekkertje speelt: je draait rondjes met je billen. De onverwachte verandering van actie zal je de adem benemen. Begint hij weer te stoten, blijf dan eventjes heel slap en ontspannen hangen – als je allebei beweegt, kom je met dit standje al heel snel klaar.

De Cosmo Kama Sutra

ZINNELIJKE UITDAGING 🔥🔥

Spinnenweb

■ Erotische instructies:

Ga allebei op je zij liggen met je gezichten naar elkaar toe. Kruip dicht op elkaar en schaar je benen door de zijne zodat je helemaal met elkaar verstrengeld bent en hij diep in je kan schuiven. Terwijl je tegen elkaar aan rijdt, houd je elkaar stevig vast voor ultieme wrijving.

■ Waarom je ervan geniet:

In tegenstelling tot het typische 'in en uit' gaan, daagt dit web dat je samen spint je uit tot het maken van schuivende, draaiende bewegingen. Probeer je heupen dus voor een hemelse, erotische explosie in rondjes rond zijn penis te laten dansen. Bij het spinnenweb ben je zeer nauw met elkaar verweven, waardoor je opwinding aanwakkert en waardoor je tegelijkertijd vrij bent om te kussen, te knabbelen en te aaien terwijl je ertegenaan gaat. Laat je handen en nagels dus lekker over zijn ruggengraat glijden. Deze onverwachte erotische aanraking zal hem sexy kippenvel bezorgen en hem laten kreunen om meer!

COSMO HINT

Je kunt je vingers tijdens het Spinnenweb nog lager naar de zuidelijke regionen laten afdwalen en hem verrassen met verwennerij voor zijn perineum, het gevoelige plekje tussen zijn ballen en anus, dat vol zit met zenuwuiteinden. Doe dit pas als je zelf bijna je piek bereikt, want deze aanraking zal zijn zaad extra snel doen koken.

De Cosmo Kama Sutra

ZINNELIJKE UITDAGING 🔥🔥🔥🔥

Hoofdzaken

■ Erotische instructies:
Ga op de grond liggen en strek je benen hoog in de lucht. Laat hem voor je staan en leg je benen op zijn schouders. Vraag hem je heupen met zijn armen te ondersteunen. Jij houdt je ondertussen vast aan zijn dijen om je kruis daar te houden waar je het hebben wilt: ter hoogte van zijn penis, zodat zijn harde lid bij je naar binnen kan.

■ Waarom je ervan geniet:
Het lijkt een vreemd standje, maar als je er eenmaal van geproefd hebt, is er geen houden meer aan. Je bloed stroom van je onderbenen naar je dijen, waardoor het gevoel in je onderbuik intenser wordt. Voor hem is het super omdat je met samengeknepen benen lekker strak wordt.

COSMO HINT
Zit je eenmaal in je ritme, schaar dan je benen, duw je kont in zijn kruis en krom je rug terwijl je samen verder beweegt. Je wordt dan zijn menselijke vibrator!

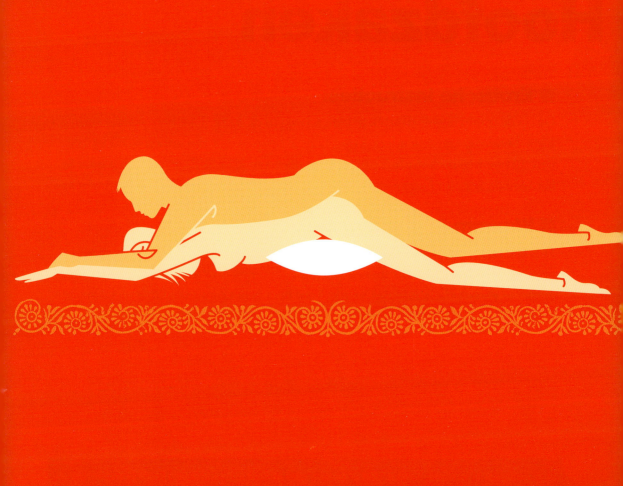

ZINNELIJKE UITDAGING

De Draak

■ Erotische instructies:

Lig op je buik met een paar kussens onder je schaamstreek en met je armen voor je uitgestrekt. Spreid lichtjes je benen, laat hem boven op je liggen en dezelfde houding aannemen als jij en laat hem bij je binnendringen. Bij de Draak is het belangrijk dat hij nu niet als een gek in en uit stoot, maar juist kleine, kringelende bewegingen maakt met zijn heupen, als rook die uit de neusgaten van een draak opstijgt.

■ Waarom je ervan geniet:

Deze ronde beweginkjes prikkelen langzaam maar zeker je hele vagina, waarop een subtiel maar zeer bevredigend orgasme volgt. Er is niet veel beweging mogelijk in deze positie, dus is het een goed standje als je partner vaak te snel klaarkomt en zijn orgasme liever wat langer wil uitstellen – of als je gewoon wat langer wilt genieten van elkaars lichaam. Vraag hem om de verwaarloosde gebiedjes van je lijf met zijn mond, tong en tanden te ontdekken: je rug, het holletje in je nek, je schouders… Deze positie waarbij hij bovenop ligt gaat helemaal over jou, jou, jou.

COSMO HINT

Hoewel je niet bovenop zit in dit standje, kun je evengoed een belangrijke speler zijn. Pas jouw snelheid aan de zijne aan en jullie lichamen zullen versmelten in een groot, wellustig seksueel monster. Versnel of vertraag samen om optimaal van het moment te genieten.

ZINNELIJKE UITDAGING 🔥🔥🔥🔥

Top Bovenop

■ Erotische instructies:

Leg alle dekens en kussens van je bed opzij en begin zoals anders wanneer jij bovenop ligt. In plaats van hem te berijden met zijn lichaam in lengterichting op het matras, laat je hem nu echter met zijn schouders, hoofd en armen achterwaarts over de rand van het bed hangen. Waar dit goed voor is, ervaar je al gauw.

■ Waarom je ervan geniet:

Jij hebt de volledige controle bij deze bovenoptopper en de reden waarom dit zo goed voelt, is omdat je letterlijk op zijn staaf zit en hem geen andere keus laat dan zich diep in je te begraven. Omdat hij ondersteboven ligt, zal er meer bloed door zijn hoofd ruisen, waardoor hij een prachtige tegenstelling van erotische gevoelens ervaart. Versterkte prikkels razen door zijn bovenlichaam, waardoor zijn climax een buitenaards karakter krijgt.

COSMO HINT
Hij is helemaal aan je overgeleverd, dus trakteer je lief ook nog op een derdegraads plezierpiek. Bevochtig je vingers met je tong en laat ze langs zijn borstspieren glijden, van buiten naar binnen om bij zijn tepels te eindigen. Knijp er zachtjes in en laat ze door je vingers rollen.

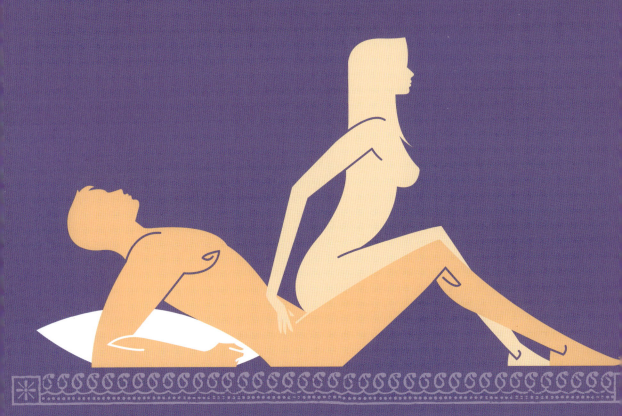

ZINNELIJKE UITDAGING 🔥🔥🔥🔥

Knuffelstoel

■ Erotische instructies:

Laat je lover met rug, schouders en hoofd achterover op een stel kussens liggen met gespreide en enigszins opgetrokken knieën. Zit met je rug naar hem toe tussen zijn benen op zijn schoot en laat je op zijn harde penis zakken. Zet je voeten tussen zijn benen op het bed of op de grond. Steun met je rechterhand op zijn rechterheup en je linker naast zijn linkerheup. Gebruik nu handen en voeten om jezelf op zijn schacht op en neer te pompen.

■ Waarom je ervan geniet:

Jouw beweging op deze stoel is de sleutel voor succes bij dit standje. Met zowel handen als voeten controleer je je bewegingen, je wipt met je kont op en neer in een ritme dat voor jou het beste aanvoelt. Terwijl jij al het werk doet, geef je je man een ander plezierig project. Laat hem je billen, rug en nek masseren en geef hem ruimte om nog andere verborgen plezierplekjes te ontdekken waar hij anders niet zo goed bij kan.

COSMO HINT

Je partner voelen maar niet zien geeft je de ruimte om al je wilde fantasieën de vrije loop te laten. Geef jezelf toestemming om net te doen alsof hij Brad Pitt, Tom Cruise of een totale vreemdeling is. Pas wel op dat je bij het klaarkomen de juiste naam uitschreeuwt!

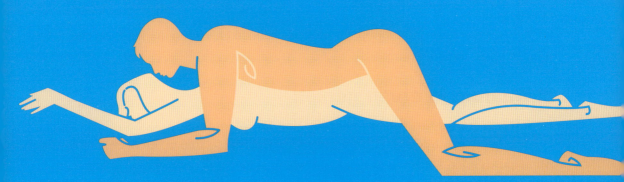

ZINNELIJKE UITDAGING 🔥🔥🔥

Kruislingse Knijper

■ Erotische instructies:

Lig op je buik, maak je benen lang en spreid ze een beetje. Laat je armen naast je lijf rusten of strek ze uit boven je hoofd. Laat hem zijn lichaam als een deken over je uitspreiden, waarbij hij op zijn ellebogen rust zodat hij niet met zijn volle gewicht op je drukt. Zijn benen legt hij aan weerskanten van die van jou. Zodra hij je gepenetreerd heeft, sluit je je benen en leg je je enkels over elkaar.

■ Waarom je ervan geniet:

Met je benen bij elkaar geklemd en met gekruiste enkels kun je de volle lengte van je lovers beste vriend goed voelen en je er als het ware aan vastklemmen, waardoor je lekker veel wrijving creëert terwijl hij diep in je stoot. Terwijl je elkaar op die manier neemt, kun je hem vragen om zijn armen onder je door te slaan en met je borsten te spelen. Of om je nek met zijn lippen te bewerken of aan je oorlelletjes te knabbelen. Hoewel dit standje veel lustgevoelens losmaakt, is er niet veel beweging. Dus zeer geschikt voor mannen die hun climax wat langer willen uitstellen.

COSMO HINT

Probeer, om het maximale uit dit oerstandje te halen, om je goed bewust te worden van het gevoel van zijn gewicht op je rug, zijn borstkas, benen, armen en zware ademhaling. Om de gemeenschap nog heter te maken, duw je je achterste steeds een stukje omhoog in het ritme van zijn heupstoten.

De Cosmo Kama Sutra

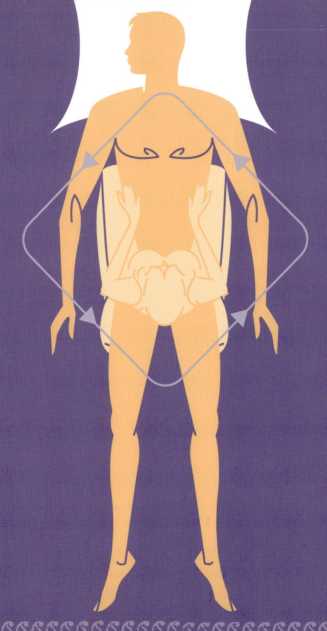

ZINNELIJKE UITDAGING 🔥🔥🔥🔥🔥

Diamantje Slijpen

■ Erotische instructies:

Je lover mag lekker ontspannen op zijn rug liggen met een kussen onder zijn hoofd. Kruip op zijn schoot, neem zijn stijve lid in je op en omsluit zijn torso aan weerskanten met je knieën. Het sensationele juweel van deze liefdeshouding: zit hij eenmaal diep in je, beweeg je dan in de diagonale vorm van een diamant. Schuif met rustige bewegingen van voren, naar links, naar achteren, naar rechts.

■ Waarom je ervan geniet:

Dit standje voelt heerlijk omdat je mans penis iedere hete centimeter van je vagina raakt. Je kunt hem diep in je opnemen, waardoor ook zijn penis een maximale massage krijgt. En omdat deze langzame rit je, in tegenstelling tot pompend op en neer gewip, niet meteen zal uitputten, kun je allebei van een lange sessie inclusief intiem oogcontact genieten.

COSMO HINT
Om deze positie echt te doen schitteren, positioneer je jezelf op zo'n manier dat je gevoelige G-plekje de nodige aandacht krijgt. Hiervoor schuif je naar achteren, naar de onderkant van je 'diamant'. Een beetje heupgedraai is misschien nodig om de exacte positie van dit lustopwekkende plekje te kunnen bepalen.

LUSTLES NR. 9

Je T-Zone

Tepels: de twee knopjes die je veel plezier kunnen bezorgen.

Natuurlijk, ze zijn handig als je je toekomstige baby's gaat voeden, maar het enige nut dat tepels in de premoederfase lijken te dienen is het weergeven van het weerbericht zodat iedereen kan meegenieten als het weer frisjes is. De meeste mannen hebben er een handje van om, op weg naar hun ultieme goal, totaal voorbij te hollen aan de o, zo belangrijke T-zone. En dat terwijl je tepels eigenlijk de ultieme plezierplekjes zijn, die je kunnen voorbereiden op hete actie. Hier het geheim voor wat hemels tepelgenot.

Puntige Opwarmer

Een tepel bestaat uit twee delen: de tepelhof en de tepel zelf. Beide gebiedjes zitten vol met zenuwuiteinden. Maar wat nog interessanter is, is dat er een directe verbinding bestaat tussen de zenuwen in je tepels en die in je clitoris. Daarom kunnen de juiste liefkozingen en kneepjes je ook daar beneden een heerlijk kriebelend gevoel geven.

Helpende hand

Gids je mans handen naar je tweeling en experimenteer met verschillende aanrakingen en strelingen. Laat hem je tepels zachtjes omcirkelen met zijn vingers. Zeg hem de druk tijdens het knijpen af te wisselen, van hard naar zachter, zodat je steeds op de rand van de erotische afgrond blijft hangen. Ben je eenmaal superheet, vraag hem dan om een ijsklontje over je tepels te laten glijden. De ijzige kou zal de gevoeligheid nog doen toenemen.

Tong in de knoop

Verdriedubbel je puntige plezierpiekjes nog met wat orale aandacht. Hij kan zachtjes op je tepels bijten of eraan trekken met zijn lippen. Je kunt ook vragen of hij langzaam je tepelhof likt met zijn platte tong, alsof hij aan een ijsje likt. Is hij multigetalenteerd, dan kan hij aan de ene tepel likken en zuigen en de andere verwennen met wat handwerk zodat het gebied ten zuiden van je navel gaat gloeien van plezier.

TEPELWEETJE

Bijna 1 procent van de vrouwen kan een orgasme bereiken terwijl alleen de tepels gestimuleerd worden.

LUSTLES NR. 10

ZIJN V-ZONE

Denk jij dat je elke centimeter van zijn lijf al kent? We ontdekten een nieuwe kreunzone die je wellicht over het hoofd hebt gezien...

KIJK EENS GOED

Onderwerp je lovers onderlijf eens aan een nadere inspectie. Begin bij zijn heupen en trek twee diagonale lijnen die elkaar in zijn kruis ontmoeten. Je zult zien dat dit gebied een prachtige V-vorm heeft. In dit gebied, in het holletje waar zijn dijen zijn heupen elkaar ontmoeten, zitten veel zenuwuiteinden. De huid is hier ook heel dun, zodat het erg gevoelig is.

GEBRUIK JE VINGERS

Kriebel de holletjes gelijktijdig met de puntjes van je wijs- en middelvingers om zijn 'machine' aan de praat te krijgen.

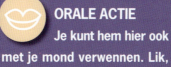

ORALE ACTIE

Je kunt hem hier ook met je mond verwennen. Lik, kus en knabbel sensueel langs de twee V-lijnen. Het geeft hem een tintelend gevoel dat helemaal door zal trekken naar zijn genitaliën. Terwijl je zo bezig bent met je mond, zullen je wangen zachtjes langs zijn lid grazen – een heerlijke plagerij waardoor hij meer wil. Stel de vervulling van deze verlangens zo lang mogelijk uit. Wees je ervan bewust dat hoe langer je de daad uitstelt, hoe passioneler hij uiteindelijk zal worden.

TABOETERRITORIUM? Veel mannen vinden het heerlijk, doch een tikkeltje gênant, als hun anus wordt verwend met wat lichte strelingen of druk. Om de comfortgraad van je mans achterdeur te testen kun je eerst zijn billen liefkozen en vervolgens zachtjes aan de binnenkant van zijn 'wangen' beginnen. Hij geeft dan zelf wel aan of het een no-no zone is.

De Cosmo Kama Sutra

ZINNELIJKE UITDAGING 🔥🔥🔥🔥🔥

Arc de Triomphe

■ Erotische instructies:

Laat je man op bed zitten met zijn benen voor zich uitgestrekt. Kruip op je knieën naar hem toe, klim op zijn schoot en laat je op zijn opgerichte penis zakken. Zit je lekker, leun dan helemaal achterover. Trek je rug zo hol mogelijk, maar pas op dat je je rug niet overbelast. Laat je hoofd tussen zijn benen rusten en slinger je armen naar achteren om zijn enkels vast te pakken. Nu kan hij voorover leunen en de lol kan beginnen!

■ Waarom je ervan geniet:

Ben je lenig genoeg om dit standje een paar minuten vol te houden, dan verdient het zich dubbel en dwars terug. Gooi je hoofd achterover, sluit je ogen en laat je helemaal gaan, want dit standje laat jullie optimaal met elkaar versmelten. Gebruik zijn benen om je aan af te zetten en je stoten meer impact te geven. Je man kan hierna wat achterover leunen om van het supersexy panorama – jouw naakte lijf – te genieten.

COSMO HINT

Voor extra grip kan hij zijn armen om je onderrug heen slaan. Voor nog meer intimiteit kun je hem vragen om langzaam naar voren te leunen, je borsten te kussen en hierbij zachtjes je buik naar de zijne toe te trekken.

ZINNELIJKE UITDAGING 🔥🔥🔥🔥

Tijdbom

■ Erotische instructies:

Hij gaat met ontspannen benen voor je zitten op een rechte stoel. Kruip op zijn schoot met je gezicht naar het zijne en breng zijn erectie bij je binnen terwijl je benen een hoek van negentig graden maken. Neem eerst alleen het puntje van zijn penis in je op. Laat je vervolgens centimeter voor centimeter zakken om uiteindelijk met een flinke stoot op zijn dijen neer te ploffen.

■ Waarom je ervan geniet:

Dit is een zeer vriendschappelijke positie waarbij jullie bovenlijven maximaal contact maken; geschikt voor het betere tongzoen-, omarmings- en streelwerk. Het beste van alles is dat jij op de chauffeursstoel zit, waardoor je goed in het ritme kunt blijven. Als grande finale kun je die explosieve, doch minder vaak voorkomende sensatie meemaken van het gelijktijdig klaarkomen. Dit rendez-vous is dan ook een regelrechte aanrader voor een oerknal.

COSMO HINT
Om qua timing toe te werken naar een simultaan orgasme kun je, zodra hij op het punt staat om te ontploffen, het best rustig doorrijden en hem vragen zijn vingers te laten afdwalen naar het magische knopje tussen je benen. Zit je eenmaal op dezelfde piek, maak je dan klaar voor een grote knaller!

ZINNELIJKE UITDAGING

Zijwaartse Zaag

■ Erotische instructies:

Lig op je zij en til je bovenste been op terwijl je je onderste been rechtuit op het bed houdt. Je man kruipt op je onderste dij en omarmt je gelifte been en jij kunt zo je kuit op zijn schouder laten rusten. Heeft hij je op zijn stam gespietst, laat hem dan heen en weer zagen en met zijn heupen draaien terwijl hij voor het maximale genot gaat.

■ Waarom je ervan geniet:

Al dat gezaag en gedraai zorgt ervoor dat elke stoot in aanraking komt met een ander lekker plekje, zodat je voortdurend aan de rand van extase zweeft en 100 procent wordt bevredigd. Hij zal genieten van het oergevoel van maximale controle en van het lustvolle landschap met al die sexy plekjes onder hem. Omdat hij zo van zijn eigen kracht achter deze Zijwaartse Zaag geniet, kun je hem ongegeneerd al het werk laten doen, relaxed achterover leunen en nieuwe kreuntjes op hem uitproberen.

COSMO HINT
Omdat hij op zijn knieën zit, kun je hem vragen zijn houding af te wisselen en variëren van een hoge naar een lage knielende positie. Hoe lager hij gaat, hoe dieper hij in je kan komen – test de verschillende niveaus om erachter te komen wat je het lekkerst vindt.

De Cosmo Kama Sutra

ZINNELIJKE UITDAGING 🔥🔥🔥🔥

Kittige Kruiwagen

■ Erotische instructies:

Buig je staand en met gestrekte benen over een bed of een stoel heen en leun met je hoofd en je armen op het oppervlak. Hij staat achter je en pakt een van je enkels vast. Buig je knie een beetje, leun op het been dat op de grond staat en laat hem je penetreren.

■ Waarom je ervan geniet:

De kruiwagen is een superlekker alternatief voor liefhebbers van op z'n hondjes. Omdat je benen in tegengestelde richtingen wijzen – een in de lucht en een op de grond – is hij in de perfecte positie om je G-plek te raken. Ook lekker: hij heeft perfect uitzicht op je kont en zal er niet van af kunnen blijven!

COSMO HINT
Je komt pas goed in het ritme als je de buiging van het been dat op de grond staat aanpast aan zijn stoten. Als hij naar voren stoot, strek je je been. Trekt hij terug, dan buig je het. Je ontmoet elkaar in het midden voor de lekkerste cadans.

ZINNELIJKE UITDAGING 🔥🔥🔥

Dirty Dijenkletser

■ Erotische instructies:

Uitgekeken op de positie met de vrouw boven? Varieer dan met dit hete standje. Laat hem op zijn rug liggen met één been gestrekt en één been opgetrokken. Ga met je rug naar hem toe tegen zijn opgetrokken been aan zitten en houd zijn knie vast terwijl je op zijn penis glijdt. Beweeg vervolgens op en neer en zijwaarts.

■ Waarom je ervan geniet:

Het paardrijdeffect: je hebt iets diks en warms tussen je benen. Zijn dij! Je kunt hem ondertussen trakteren op een dijmassage. Kneed zachtjes en wissel het af met het strelen van zijn been van knie tot kruis.

COSMO HINT Leun je naar voren, dan wrijft je clitoris tegen zijn been op. Varieer je bewegingen om hem bij de les te houden en verras hem met je eigen zinderende orgasme.

De Cosmo Kama Sutra

ZINNELIJKE UITDAGING 🔥🔥🔥🔥🔥

Kruisje Zetten

■ Erotische instructies:

Leg een kussen onder je hoofd en ga op je rug op bed liggen. Breng je knieën omhoog naar je borsten en kruis je benen op enkelhoogte. Laat je vriend met gespreide benen voor je knielen en jou naar zich toetrekken aan je heupen. Je dijen blijven gesloten en je kunt je voeten zachtjes op zijn borstkas planten terwijl hij je rustig neemt. Aai zijn dijen terwijl hij in een gelijkmatig ritme in en uit je stoot.

■ Waarom je ervan geniet:

Deze oervorm van gemeenschap hebben heeft drie extra dimensies in zich. Allereerst is er de frictie doordat je benen als aan elkaar gelijmd zitten. Die superwrijving zorgt voor stimulatie voor jullie allebei. Daarbij komt dat deze pose jou de kans geeft om je bekkenbodemspieren steeds aan te spannen en weer te ontspannen rond zijn lid, wat hem een zuigende sensatie geeft. Bovendien zorgt het voor extra bloedtoevoer naar jouw intieme delen, waardoor je nog gevoeliger wordt. Alle ingrediënten dus voor een zeer intense opbouw naar een sidderend orgasme.

COSMO HINT
Je kunt tijdens dit standje prima naar de verrichtingen van je man kijken, geniet dus van het oogsnoep. En fluister wat bewonderende woorden over zijn stevige borstkast en bollende biceps – sexy complimenten doen wonderen bij het aanwakkeren van zijn vuur.

ZINNELIJKE UITDAGING 🔥🔥🔥🔥🔥

Draaierige Dame

■ Erotische instructies:

Je lover mag languit op zijn rug liggen met een kussen onder zijn hoofd; spreid lichtjes zijn benen. Gooi je beide benen over hem heen en houd ze dicht bij elkaar, zodat je uiteindelijk dwars over hem heen zit. Terwijl je zo bovenop zijn dijen zit of op zijn schoot, leun je achterwaarts op je armen voor maximale steun. Zit zijn penis in je, open je benen dan een beetje en maak langzame, draaiende bewegingen, als een levende kurkentrekker.

■ Waarom je ervan geniet:

Doordat zijn hoofd wordt ondersteund door een kussen, kan hij je heerlijk bekijken terwijl je op zijn penis ronddraait; een genotskick voor iedere man. Jou op die manier zien bewegen als je je speciale magie op zijn lid loslaat, zal hem zo heet maken dat hij niet van je af kan blijven. Jij hebt nu de keuze: geef je hem aanwijzingen over welke intieme plekjes hij mag strelen en kneden? Of vertel je hem dat hij alleen mag kijken waardoor je hem gek maakt van verlangen?

COSMO HINT

Omdat jij bovenop zit, heb je volledig de leiding over de diepte, snelheid en intensiteit van alle actie. Dus als je voelt dat hij buiten zinnen raakt en jij hebt je hoogtepunt nog lang niet bereikt, beweeg dan gewoon langzamer en ga door in een ander ritme. Deze positie heeft prima potentie voor een duo-hoogtepunt.

ZINNELIJKE UITDAGING 🔥🔥🔥🔥

Omhoog, omhoog en wegvliegen...

■ Erotische instructies:

Lig op je rug met een kussen onder je hoofd en til je benen zo recht en zo hoog mogelijk in de lucht. Terwijl hij voor je knielt – zijn borst tegen je kuiten – duwt je man je benen zachtjes naar één kant en legt ze over zijn schouder. Zonder je benen naar één kant te laten vallen kan hij nu voorover leunen en je penetreren. Hij kan één hand of beide handen nu op het bed naast jouw lijf plaatsen voor extra steun.

■ Waarom je ervan geniet:

Doordat je benen zo dicht tegen elkaar geplakt zitten, creëer je een superstrakke pasvorm waardoor je kippenvel veroorzakende frictie voor jullie beiden teweegbrengt. Omdat hij je in een hoek van ongeveer 30 graden neemt, krijgen jullie allebei een bijzonder gevoel. Je kunt je clitoris kietelen of gewoon achterover liggen en genieten van het uitzicht en het gevoel in je lijf. Je man zal grommen van genot!

COSMO HINT
Experimenteer met het buigen van je knieën en het steeds even openen van je benen. Bij elke beweging voelt het standje dan weer anders. Omdat de pasvorm hier strak is, zal de hoek van penetratie veranderen, waardoor er een erotische mix in je onderbuik ontstaat die je zal doen wegvliegen in pure extase.

De Cosmo Kama Sutra

ZINNELIJKE UITDAGING 🔥🔥🔥🔥🔥

Pure Porno

■ Erotische instructies:

Deze positie vraagt de nodige balans. Begin bij het begin en laat je man met enigszins gespreide benen op zijn rug op bed liggen. Ga met je neus naar zijn voeten op hem zitten en help hem een handje bij het inbrengen van zijn stijve. Strek je benen vervolgens achterwaarts richting zijn schouders en laat je bovenlichaam op bed, tussen zijn benen in, zakken. Zijn en jouw benen vormen nu een X en nu kun je op en neer glijden. Gebruik zijn voeten voor meer opwaartse druk.

■ Waarom je ervan geniet:

Wie zei dat alleen mannen van porno houden? Dit standje geeft je totale controle en laat je vrij om te experimenteren met verschillende manieren om jezelf en hem te stimuleren. Je lover vindt het vast helemaal niet erg om zich op deze manier aan je over te leveren en jou de verantwoording te zien nemen voor je eigen orgasme. Houd je qua sexy stemvolume vooral niet in, laat hem weten hoe lekker dit voor je is.

COSMO HINT — Beweeg vooral de hele tijd op allerlei manieren. Gebruik je vaginale spieren en beweeg je billen op en neer en heen en weer om de sensatie nog te versterken. Het is helemaal aan jou om dit standje aan je eigen wensen aan te passen. Voor hem is niets erotischer dan een sexy vrouw die hem vertelt wat te doen.

De Cosmo Kama Sutra

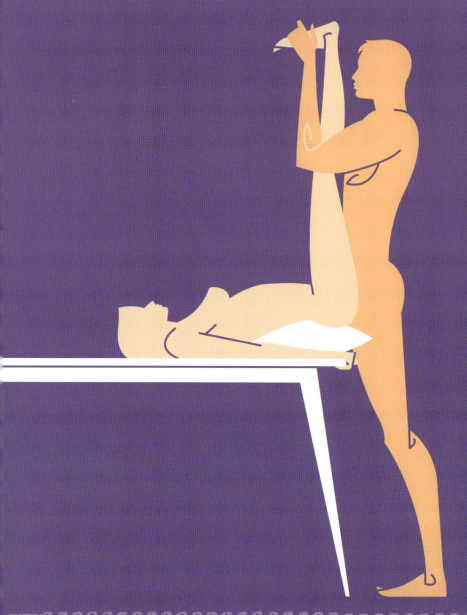

ZINNELIJKE UITDAGING

De Zeemeermin

■ Erotische instructies:

Ga achterover op een hoog bed, een keukentafel of een bureau liggen. Om wat hoogte te winnen leg je een dik kussen onder je billen. Til je benen hoog in de lucht en houd ze dicht tegen elkaar aan, alsof je een zeemeerminnenstaart hebt. Je kunt je handen stevig onder het kussen duwen om je onderlijf nog meer omhoog te liften. Je lief penetreert je vervolgens terwijl hij voor je staat; als het bed laag is, kan hij voor je neerknielen. Je voeten kan hij gebruiken voor wat extra stabiliteit waardoor hij dieper in je kan stoten.

■ Waarom je ervan geniet:

Als je je benen op deze manier tegen elkaar aan drukt, voelt zijn penis dikker in je, dus zul je meer frictie en een ongelofelijk strakke pasvorm voor hem creëren. Geef een showtje weg en breng jezelf tot grote hoogten door zelf je clitoris te masseren terwijl hij in je stoot.

COSMO HINT
Spreid je benen af en toe een beetje en knijp ze dan weer stevig bij elkaar zodat je die frictie steeds opnieuw voelt opbouwen. Dit 'strak, strakker, strakst'-gevoel zal hem gek maken van genot en de opwinding die jij voelt doordat je de leiding hebt, zal je overspoelen in golven van plezier.

LUSTLES NR. 11

OPLOSSINGEN VOOR JE ERGSTE SEKS-NACHTMERRIES

We geven je wat matrashandgrepen voor de meest voorkomende passiekillers.

PASSIEKILLER	SNELLE OPLOSSING
'We krijgen aldoor woorden over wie er op de natte plek moet slapen.'	Leg een zacht, maar absorberend dekentje over je lakens om ze droog te houden.
'Tijdens een sekssessie glipte het condoom van zijn penis en het bleef in me hangen.'	Hurk en trek 'm eruit. De volgende keer kun je je man vragen om geen of minder glijmiddel te gebruiken. Door de hoge glibberigheidsfactor kan het tijdens de seks afglijden.
'Hij zegt dat hij mijn kont heel sexy vindt, maar ik voel me nog steeds opgelaten als ik naakt van de slaapkamer naar de badkamer loop.'	Hul jezelf in een sexy niemendalletje dat je billen flatteert of bedekt of trek zijn shirt aan om je kont te verdoezelen.
'Na een nacht vol passie krijg ik mijn pessarium er niet meer uit.'	Hurk neer en ontspan je bekkenbodemspieren. Draai je wijsvinger dan diep in je vagina, haak hem achter de rand van je pessarium en trek het eruit.
'Na een feestje wil mijn man vaak vrijen, maar hij stinkt dan uit zijn mond.'	Neem zelf een pepermuntje en geef het aan hem over tijdens een heerlijke tongzoen.
'De ochtend na een lustvolle nacht ziet mijn perfecte make-up eruit als een onaantrekkelijke smeerboel.'	Laat voortaan alle make-up achterwege, gebruik alleen wat waterproof mascara.

De Cosmo Kama Sutra

LUSTLES NR. 12

Sexy Après-seksstuff

Hij is slaperig, jij wilt knuffelen – deze tips bevredigen jullie allebei.

■ De après-seksscène: 'Na de seks schiet het mannelijke brein gemakkelijk in een ruststadium – hij voelt zich voldaan en moe. Terwijl de vrouwelijke hersens juist gestimuleerd zijn. Zij heeft juist behoefte aan het gevoel van verbondenheid,' zegt Michael Gurian, therapeut. We zochten een paar naspelvarianten die jullie allebei fijn zullen vinden.

Geef hem een compliment

Jouw waarderende feedback zal hem uit zijn slaap houden – hij zal zeker wakker willen blijven om zijn prestaties door te nemen en wat lichte gesprekjes te voeren waardoor je waarschijnlijk beiden zin krijgt in méér spelletjes tussen de lakens. Er is ook een langetermijnvoordeel aan dit naspelpraatje. Jouw: 'Ja, alsjeblieft,' blijft voor altijd in zijn geheugen hangen.

Trakteer op een massage

Dit is een perfecte manier om de intieme sfeer en jullie gemeenschap te verlengen en hem langer wakker te houden. Denk er wel aan dat hete voorspelplekjes, zoals zijn genitaliën, nu even een gevoelige 'niet aankomen'-zone vormen. Voor een meer relaxte en sensuele sessie trek je bijvoorbeeld grote cirkels op zijn bovenlijf. 'Begin op zijn borstkas, aai rond zijn navel, glijd langs zijn schaambeen en vervolg je weg weer naar noordelijkere gebieden,' zegt Steve Capellini, masseur. 'Of streel met je vingertoppen via zijn sleutelbeen naar zijn borst tot aan zijn heupen.'

SLAPEN OF SLUIPEN?

Na een onenightstand zal een man niet zo snel blijven slapen omdat het hormoon oxytocine, waardoor hij helemaal lief en aanhalig wordt, snel wegebt na de seksuele ontlading.

De Cosmo Kama Sutra

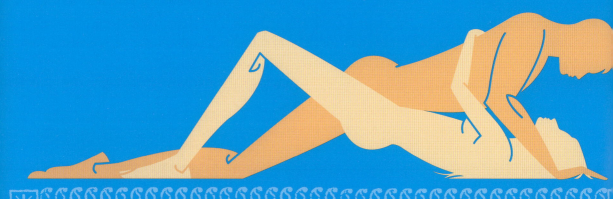

ZINNELIJKE UITDAGING 🔥🔥🔥🔥

Verrassingsaanval

■ Erotische instructies:

Op het eerste gezicht lijkt dit standje misschien op de doodgewone missionarishouding, die waarbij jij onderop ligt en hij op je. Maar natuurlijk is er een geheim Cosmo-trucje dat het geheel een andere draai geeft. Onderop liggend vraag je hem om overeind te komen en op armen en knieën te steunen. Druk dan je bekken omhoog om contact te maken met zijn penis. Laat hem vervolgens zijn houding vasthouden en beweeg je kont op en neer voor ondeugende actie.

■ Waarom je ervan geniet:

Jij onderop betekent in dit geval bepaald niet dat je de leiding uit handen geeft, integendeel! Jij deelt de lakens uit. Door je bekken te liften ben jij degene die over de snelheid en timing van elke stoot regeert. Beweeg dus naar je eigen lekkerheidsgraad. Ook leuk: als hij zich aan zijn opdracht – stilhouden – houdt, kun jij ook de diepte van de penetratie bepalen. Hoe harder jij duwt, hoe dieper hij in je komt en hoe harder jullie beiden zullen kreunen.

COSMO HINT

Neem de tijd om te genieten van je machtspositie. Dit is je kans om hem genadeloos te plagen. Doe het door maar half omhoog te komen en hem maar een klein eindje in je op te nemen. Hierdoor raakt alleen zijn gevoelige eikel geprikkeld. Vervolgens ga je onverwacht over tot een paar diepe, harde stoten om jullie beiden naar de plezierpiek te leiden.

De Cosmo Kama Sutra

ZINNELIJKE UITDAGING 🔥🔥🔥

Kiekeboe!

■ Erotische instructies:

Kies een stevig, vlak oppervlak, bijvoorbeeld een keukentafel of het aanrecht, dat tot aan zijn heupen reikt. Doe een striptease voor hem en hop op het uitgekozen vlak, waarbij je je kont van de rand af laat kantelen. Als hij voor je staat, leun je achterover en geef je hem een heel speciale show. Steun op je ellebogen, spreid je benen en duw je heupen omhoog zodat hij je enkels of kuiten kan vasthouden.

■ Waarom je ervan geniet:

Vanuit deze positie kun je alle actie goed volgen: de ondeugende uitdrukking op zijn gezicht als hij je mooie pakketje – gezicht, borsten, buik en privéplekjes – van top tot teen bewondert. Geef hem vervolgens iets waarvan hij echt gaat kwijlen: gooi je hoofd in je nek en krom je rug als een kat, zodat hij nóg meer kan zien.

COSMO HINT

Verhoog het vreugdevolle visuele aspect nog meer door zijn penis in en uit je te leiden. Streel met zijn eikel over je binnenste en buitenste schaamlippen en kietel je clitoris er zachtjes mee voordat je hem bij jezelf inbrengt. Doe dit een paar keer achter elkaar en deze sensatie zal hem laten overkoken van lust.

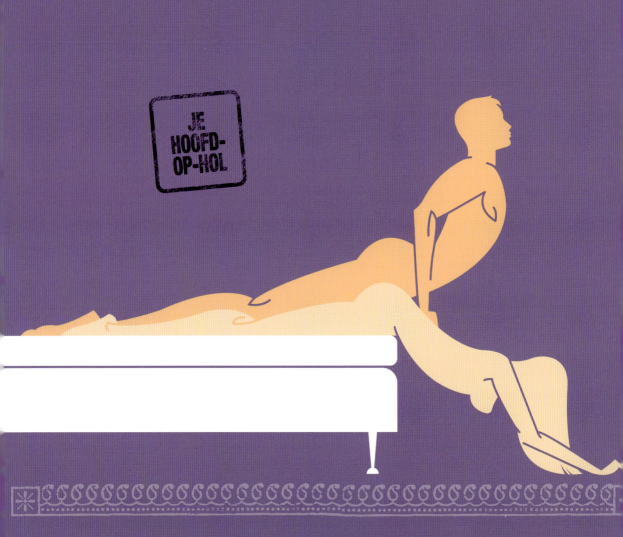

ZINNELIJKE UITDAGING 🔥🔥🔥🔥

Buitenaardse Kick

■ Erotische instructies:

Lig met je gezicht naar benenden op bed, duw je lichaam naar de rand en laat je bovenlijf eroverheen buitelen. Zet je handpalmen op de grond voor steun. Je lover kruipt boven op je en penetreert je van achteren, zijn benen tussen de jouwe. Hij kan je heupen vasthouden om zijn hoofd en schouders op te duwen in plaats van op je rug te hangen. Jullie lichamen maken een Y-vorm – de Y van *Yes*!

■ Waarom je ervan geniet:

Met je lovers benen tussen die van jou word je getrakteerd op veel snelle bewegingen, in en uit, waardoor de zenuwrijke eerste paar centimeters van je vagina worden overspoeld door een golf van genot. Doordat je ondersteboven hangt, stroomt er meer bloed naar je hersens waardoor alle prikkelingen nog intenser doorkomen en waardoor je een buitenaards gevoel van erotiek ervaart. Omdat je er wat ongemakkelijk bij ligt, is dit geen positie om urenlang vol te houden. Maar het geeft je bedsessie wel een avontuurlijke dimensie.

COSMO HINT
Sla je enkels om zijn kuiten om hem op zijn plaats te houden en begin dan allebei in kleine, krachtige rondjes te stoten voor een gekmakend effect in de genitale regionen. Dit diepe contact is een perfecte positie voor uitdagende seks. Zet je verstand dus op nul en geniet ervan: *yes, yes, yes!*

De Cosmo Kama Sutra

ZINNELIJKE UITDAGING 🔥🔥🔥🔥🔥

Liefdes Triangel

■ Erotische instructies:

Ga met een opgestoken linkerbeen op de grond of op bed liggen. Strek je rechterbeen naar de rechterkant zodat het in een hoek van 90 graden ten opzichte van je lijf ligt. Houd met je rechterhand je rechterknie vast zodat je lijf een triangel op bed maakt: rechterkant, rechterbeen en rechterarm. Laat je lover tussen je benen knielen en je penetreren.

■ Waarom je ervan geniet:

De Liefdes Triangel zal zijn idee van een triootje totaal veranderen. Deze knielende positie verbetert de controle over zijn heupen waardoor hij kan stoten en je kan betasten zoals hij nooit eerder heeft gedaan. Met je linkerhand kun je tussen zijn benen grijpen en je kunt met je nagels door zijn schaamhaar kroelen en er zachtjes aan trekken terwijl hij zich met de magie tussen jouw benen bezighoudt.

COSMO HINT

Moedig hem aan om de kracht in zijn kruis te gebruiken en werk mee! Maak er een showtje van door je heupen eerst een beetje heen en weer te bewegen voordat je meegaat in zijn beweging. Vraag hem om kleine rondjes te draaien terwijl hij stoot – de frictie die de tegengestelde bewegingen teweegbrengen, zal de hitte nog doen toenemen.

De Cosmo Kama Sutra

ZINNELIJKE UITDAGING

Bureauwerk

■ Erotische instructies:

Laat hem met gespreide benen op een bureaustoel zitten met zijn voeten voor zich uitgestrekt op de grond. Ga met je rug naar hem toe tussen zijn benen in staan en neem plaats op zijn schoot. Is hij eenmaal in je, leun dan voorover en strek je armen voor je uit om je vast te houden aan het bureaublad. Til je voeten op en zet ze op zijn kuiten of voeten voor steun. Hij houdt ondertussen je heupen vast en stoot in kleine cirkels terwijl jij je dijen bij elkaar klemt.

■ Waarom je ervan geniet:

Wie zei dat bureauwerk saai was? Bereid jezelf maar voor op ultieme overgave, want in dit standje is je man absoluut de baas. Letterlijk. In tegenstelling tot andere 'hondjesstandjes', waarbij de knieën worden belast, kan je liefste rustig achterover zitten en zich concentreren op zijn taak om jou tot een ongelofelijk orgasme te brengen. Als hij je heupen bij elke stoot een beetje optilt, kan hij zijn penis in en uit zien schuiven – een aanblik die alle mannen gek maakt.

COSMO HINT
Om wat extra erotisch krediet op te bouwen vraag je je man om je iets meer naar voren te kantelen en de beweging af te wisselen met cirkelvormige stootjes. Door de draaierige bewegingen van dit passieproject zullen jullie beiden lang willen overwerken.

De Cosmo Kama Sutra

ZINNELIJKE UITDAGING 🔥🔥🔥

't Visserskrukje

■ Erotische instructies:

Je liefste knielt voor je neer en gaat op zijn kuiten zitten. Hurk zo elegant mogelijk en ga op zijn schoot zitten, alsof hij een visserskrukje is, en zet je voeten naast zijn dijen. Steun met je handen op je dijen en hij kan je kont omarmen om je nog meer balans te geven. Neem hem voor ongeveer een derde in je op. Plaag hem een paar minuutjes en neem hem vervolgens nog dieper in je op tot je helemaal op zijn schoot zit. De achterkant van je dijen en je kont worden één met zijn dijen en buik.

■ Waarom je ervan geniet:

Die is een geweldige *girl power*-positie en het is fantastisch hem te laten smeken om die paar centimeters meer. Het gekreun dat je achter je hoort is puur genot als hij je van achteren lange, diepe stoten kan geven terwijl jij hem berijdt.

COSMO HINT

Voor een maximale erotische uitstalling kun je dit standje voor een spiegel doen zodat jullie allebei kunnen kijken hoe je langzaam op zijn krukje neerstrijkt. Er gaat niets boven het visueel maken van een sexy sessie, in het bijzonder als het iets van jullie beiden is.

De Cosmo Kama Sutra

ZINNELIJKE UITDAGING 🔥🔥🔥🔥🔥

Tergende Trekker

■ Erotische instructies:

Laat hem in kleermakerszit op de grond zitten voordat je hem bestijgt. Laat jezelf op zijn penis zakken en sla je benen om zijn rug. Zitten jullie met je gezichten naar elkaar toe, pak dan elkaars ellebogen en laat je allebei achterover zakken aan elkaars gewicht – als een tergend langzame trekker op een landweggetje. Ben je diep genoeg gezakt, leg dan je hoofd achter je op de grond. Blijf zo stil mogelijk liggen en concentreer je alleen op de genitale gemeenschap.

■ Waarom je ervan geniet:

Deze positie is perfect om jullie graad van intimiteit te verhogen. Concentreer je een paar minuten om een mentale gemeenschap met je lief te krijgen. Het is een zeer kalmerend standje en een geweldige manier om spanning op te bouwen voor de rest van de rit.

COSMO HINT

Dit standje werkt alleen als je je lusten kunt beheersen en je kunt concentreren op je eigen lijf. Voel je je aandacht verslappen, gebruik dan je armen om je meer op te trekken en dieper met elkaar te versmelten. Doe je het goed, dan scoor je allebei punten tijdens dit langzame, erotische spelletje.

De Cosmo Kama Sutra

ZINNELIJKE UITDAGING

Wow-Waterval

■ Erotische instructies:
Laat je man met zijn benen recht vooruit in een half volgelopen warm bad zitten. Ga met je rug naar hem toe over hem heen zitten met je benen aan weerskanten en laat hem in je komen. Voor extra stimulatie pak je de douchekop en laat je de straal water van voren je schaamlippen en clitoris masseren.

■ Waarom je ervan geniet:
Kom je niet gemakkelijk klaar, dan is dit een fantastisch standje! Je hebt zelf de controle terwijl zijn penis zowel diep kan penetreren als je G-plekje kan stimuleren. De straal water doet ondertussen zijn werk op je clitoris. Je lover heeft bovendien zijn handen vrij om je borsten te masseren. Wedden dat je je badkuip voortaan met andere ogen zult bekijken?

COSMO HINT
Badolie heeft hier een extra functie. Laat hem zijn handen ermee inwrijven voordat hij je borsten kneedt. Je huid voelt daarna superzacht.

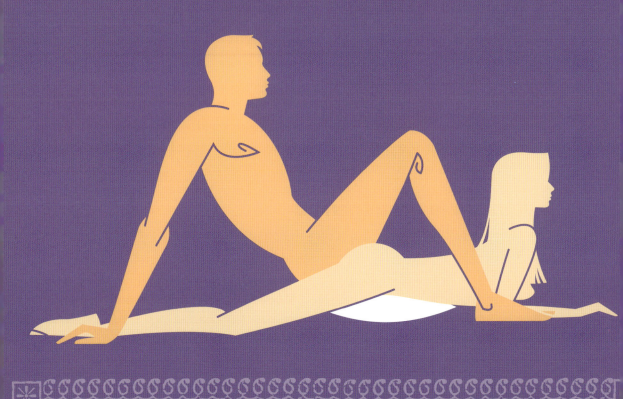

ZINNELIJKE UITDAGING 🔥🔥🔥🔥

Sleetje Rijden

■ Erotische instructies:

Lig met een kussen onder je heupen voorover op bed of op de vloer en spreid je benen. Je lover zit pal achter je billen, tussen je benen, met zijn benen voor zich uitgestrekt en zijn voeten aan weerskanten van jouw bovenlijf. Hij leunt in een hoek van 45 graden achterover op zijn armen en kan zo zijn penis bij je inbrengen. Op zijn billen kan hij nu voor- en achteruit wiebelen, alsof hij een sleetje vaart wil geven. Jij kunt je benen sluiten voor een strakke pasvorm en op je ellebogen steunen.

■ Waarom je ervan geniet:

Geniet hij van het gevoel de macht in handen te hebben? Dan wordt dit zijn favoriete standje, want hij mag hier de passiepiloot spelen. Hij kan in een door hem te bepalen tempo van voren naar achteren glijden: snel of sensueel langzaam over de snelweg van jouw dijen. Omdat jij niet echt kunt stoten of draaien, kun je totaal ontspannen en de controle overgeven, waardoor je je volledig op je eigen genot kunt concentreren. Hij kan bovendien genieten van het verrassingseffect.

COSMO HINT
Om wat extra vonkjes aan dit elektrische standje toe te voegen, hol je je rug zo veel mogelijk waardoor je kontje omhoogkomt. Deze positie zal je bekkenbodemspieren aantrekken waardoor je hem extra omklemt, hij wordt er wild van!

ZINNELIJKE UITDAGING 🔥🔥🔥🔥

Staande Tijger, Knielende Draak

■ Erotische instructies:

Neem een pose aan waarbij je op je knieën op de rand van het bed zit en laat je tijger achter je plaatsnemen, zijn voeten gespreid tot schouderbreedte. Terwijl hij jouw kuiten tussen zijn knieën klemt, duw jij de jouwe stevig bij elkaar om zo je vagina te vernauwen zodat je veel strakker aanvoelt rond zijn penis als hij in je komt. Maak gerust draakachtige snuif- en gromgeluiden om hem te laten weten hoe lekker het voelt.

■ Waarom je ervan geniet:

Je kunt hierbij lekker focussen op je eigen genot. Je kunt je eigen clitoris gemakkelijk verwennen met het betere handwerk en hij staat in een perfecte positie om je G-plekje te stimuleren. Met zijn handen op je heupen geniet hij van het gevoel alle macht te hebben over de hoek en het ritme van de stoten. Een dominante positie die hij niet zal kunnen weerstaan. Dit is een seksuele win-winsituatie.

COSMO HINT

Dit is nog zo'n geweldige positie om je bekkenbodemspieren eens flink aan het werk te zetten, aan te knijpen en weer los te laten. De beweging zal hem het gevoel geven dat zijn lid een stuk langer en dikker is. Dit strakke gevoel ontwikkel je langzaam tot een spetterende finale.

De Cosmo Kama Sutra

ZINNELIJKE UITDAGING 🔥🔥🔥

Erotisch Einde

■ Erotische instructies:

Laat je man met gestrekte benen op de grond zitten. Hij kan achterover op zijn armen steunen. Met je rug naar hem toe en je benen om zijn dijen geklemd laat je je nu op hem zakken. Houd je knieën gebogen en hurk over hem heen. Met jouw kruis tegen zijn genitaliën kun je nu je vaginale spieren aanknijpen terwijl hij kleine rondjes draait met zijn heupen.

■ Waarom je ervan geniet:

Bovenop zittend met je gezicht naar hem toe is het moeilijk voor hem om je G-plek te bereiken. Maar met je rug naar hem toe – in de goede zin van het woord – verandert het hele seksuele landschap. In deze positie bewaar je de controle maar geef je hem ook de ruimte om dit erotische plezierplekje goed te kunnen raken. Ondertussen kan hij je rug en nek overladen met hete kussen, de binnenkant van je dijen strelen en andere gemakkelijk te bereiken erogene zones masseren.

COSMO HINT — Is het uitzicht van jouw sexy lijf nog niet gekmakend genoeg? Dan kun je hem met je vrije handen trakteren op wat extra prikkels. Plaag zijn ballen met je vingertoppen of buig je armen naar achteren om zijn tepels te plagen. Na dit vipstandje zal je lover gegarandeerd gloeien van genot.